RHEINGAUmen KITZEL

Zwischen Handkäs-Käsekuchen,
Rheingauer Kappes und Kirschwasserparfait
– der Rheingau zum Anbeißen.

VON BIRGIT KALLERHOFF

„DAS LEBEN IST SCHÖN!"
Birgit Kallerhoff, Fotografin

Ich bin Fotografin. Eigentlich schon seit
meinem 16. Lebensjahr. Über Umwege, die das
Leben manchmal spannend machen,
erlernte ich das Handwerk offiziell und
endlich erst 15 Jahre später. Wenn ich Menschen,
Gebäude und Situationen fotografiere,
ist es für mich nicht nur eben dies, sondern immer
auch der Inhalt, der Charakter, die Stimmung,
die mit abgelichtet werden.
Erst dann ist ein Bild mein Bild.

VORWORT

DIE ANFÄNGE

Trotz meiner Leidenschaft zu meinem Beruf lassen mich Termine und Wünsche meiner Kunden doch
manchmal atemlos werden. Dann freue ich mich auf einen Ausflug in den Rheingau und genieße dort die Zeit.
Für mich vereinen sich dann die Leidenschaften Fotografie, Natur und gutes Essen.
Was passiert, wenn Begeisterung und Freude da sind? Der Wunsch nach Wiederholung!

Faszinierend schön. Fast den Atem raubend. Schroffe Hänge. Sanfte Hügel.
Rhein & Reben. Wein & Winzervesper. Genuss & Gastfreundschaft: Rheingau.

DIE IDEE

Nach einer Wanderung, egal ob kurz oder länger, ist das Ankommen ein herrliches Gefühl. Es stellt sich nach ausgiebigem Augenschmaus eine Vorfreude ein auf Wärme oder Kühle je nach Jahreszeit. Der Wunsch nach herzlicher Gastlichkeit, schönem Ambiente und Gaumengenuss ist plötzlich da. So hat es angefangen. Das Ankommen ist der entscheidende Moment und mein Leitfaden für dieses Buch. Und genau dieser Moment hat sich jedes Mal, an jeder der beschriebenen Locations auf eine herrliche Art und Weise unterschiedlich gezeigt. Spannend!

DER INHALT

Überhaupt diese Landschaft: mit ihren Weinreben, Obstbäumen, sanften Hügeln und Wäldern, begleitet vom Rhein! Sie hat eine unglaubliche Farbigkeit, deren Details mit den ganz feinen Tonwerten ein oft berauschendes Bild ergeben. Die Weingüter, Burgen, Mühlen und Klöster sind zu einem selbstverständlichen Teil dieses Gesamtwerkes geworden. Sie haben eine jeweils unterschiedliche Pinselführung, die traditionell oder modern ist. Manchmal vereint sie auch beides. Mich fasziniert bei der Ankunft die sofortige Präsenz, der Eindruck von satten Farben, vergleichbar mit einem Aquarell.

Zunächst etwas zögernd und neugierig, später selbstverständlicher bat ich um Zutritt in die Küchen. Dort machte ich Aufnahmen der Köche, der Zutaten und der fertigen Gerichte. Überall nahm ich Farben, Gerüche, Details, Stimmungen und Spiegelungen auf. Für mich ein unglaublich spannendes Zusammenspiel.

Das Ergebnis nach diesem Feuerwerk der Eindrücke: das fertige Gericht, liebevoll präsentiert und anschließend festgehalten mit meiner Kamera in einer Vielfalt von Bildern. Die Konzentration, die Genauigkeit, die Ideen der Köche hatten alle eine sehr wichtige Grundlage: die Leidenschaft und die Achtung vor sehr guten Produkten.

Hatte ich eigentlich vor diesem Projekt jemals so bewusst gegessen?

Spätestens jetzt hatte ich verstanden, dass es um die Kreation eines Gesamtbildes geht, um die Liebe zum Detail, um das Ambiente und die Herzlichkeit.

Genau diese Eindrücke möchte ich weitergeben. Zur Seite stand mir Monika Mostert-Rath, die ich für mein Projekt begeistern konnte, und die meine Empfindungen und Ideen wunderbar in Worte fasste. Nicole Metzinger gestaltete das Layout und hat unglaublich viel Gefühl für die passende Umsetzung mit eingebracht.

Und ich danke meiner Familie, die mich immer unterstützte.

FÜR WEN

Ich möchte Leser ansprechen, die neugierig sind und gerne genießen. Menschen, die Neues kennenlernen und Altbekanntes wieder neu entdecken wollen, die gerne essen und trinken, sich aber auch in der eigenen Küche wohlfühlen und Freude daran haben zu kochen.

Die Auswahl der beschriebenen Orte ist rein subjektiv. Ich habe nach Sympathie, mir entgegengebrachter Freundlichkeit und Vielseitigkeit entschieden. Für jeden Leser soll etwas dabei sein. Für die gemütliche Einkehr nach dem Wandern oder den Besuch zu einem besonderen Anlass in gehobenem Ambiente. Was alle Gastgeber vereint ist die professionelle Gastfreundschaft und Leidenschaft, welche die Gäste erfahren.

Dieser Bildband ist meine persönliche Einladung für Sie in den Rheingau. Werden Sie süchtig!

Birgit Kaloshoff

INHALT

Heute war nicht wie sonst der Wanderweg durch den Rheingau mein Ziel,
sondern der Geheimtipp meines Friseurs Tom. Die Ankermühle.

Der Frühlingstag begann sonnig, die Luft war schon angenehm warm,
als ich durch die Weinberge rund um Johannisberg wanderte.

WEINGUT ANKERMÜHLE

Von Oestrich kommend, an einer Ruine vorbei suchte ich und fand die Mühle versteckt zwischen dem zarten Frühlingsgrün der Weinberge. Ich kam an ein großes grünes, weit geöffnetes Tor, umrankt von einer Flut rosafarbener Waldreben. Ein Geruch von Blumen, Stauden und Kräutern und die vielen ausgesuchten fast verspielten Details luden ein. Hier war ich richtig, hier konnte meine Müdigkeit draußen bleiben.

Ein freundliches Mädchen begrüßte mich mit einem Glas Sekt mit Holunderblüten, ein guter Einstand! Hier hatte ich Lust zu essen.

„MEIN WICHTIGSTER JOB IST ES,
AS TEAM BEI LAUNE ZU HALTEN…"

*Hildegard, die Landhauskatze
& Empfangsdame*

Hauskatze Hildegard nimmt die ankommenden Gäste stets in Empfang. Draußen vor der großen grünen Tür sitzt sie stolz wie Oskar und wartet auf die Gäste.

„AUS LIEBE ZUM GUTEN GESCHMACK"

Birgit Hüttner, Inhaberin

Das Fleisch kommt vom Fleischhof Bayer aus dem Rheingau. Das Brot wird extra nach Birgit Hüttners Rezeptvorgaben von der Bäckerei gebacken. Der Käse stammt von der Bergkäsestation in Wiesbaden (bio-zertifiziert) und die Lachsforellen kommen aus dem nahegelegenen Wispertal.

Die angebotenen Weine stammen überwiegend aus dem Weingut selbst.
Die Weine von Weinmacher Jörn Goziewski werden künftig sicher von sich hören lassen!
Weine und Küche wurden aktuell mehrfach ausgezeichnet.

Köstlich!!!
Ein Feuerwerk für Gaumen,
Augen und Nase mit all
diesen vielen Kräutern und
Blüten :-)
Von der Karte muss ich noch
mehr probieren!

GEBACKENE HÜHNERLEBER
AUF LÖWENZAHN MIT WILDKRÄUTERN

VORSPEISE

Salat: 150 g Löwenzahn, 200 g Wildkräutersalat z.B. roter Senf, Spinat,
Landkresse, roter Mangold, Blutampfer, Rauke
Dressing: 8 El Olivenöl, 4 El weißer Balsamico, 1 El mittelscharfer Senf,
1 El trockener Riesling, 1 El Apfelsaft, 1 El Honig, Salz, Pfeffer
Hühnerleber: 800 g Hühnerleber, Mehl, Salz, Pfeffer, Butter,
Thymian, Rosmarin, Majoran

REZEPT FÜR 8 PERSONEN

Löwenzahn und Wildkräuter putzen und waschen. Je nach Jahreszeit können auch andere Salatsorten
genommen werden. Auf dem Teller anrichten. Das Dressing vermengen und auf den Salat träufeln.
Hühnerleber kurz in Mehl wälzen und mit den Kräutern anbraten. Hierzu entweder Olivenöl
oder Butter verwenden. Wichtig ist, die Leber nicht zu lange zu braten, damit sie nicht trocken wird.
Ist sie außen schön gebräunt und innen rosa, kann sie auf dem Salat angerichtet werden.
Anschließend mit Blüten dekorieren.

WEINBEGLEITUNG

Ankermühle Riesling MARIA feinherb
Ein klassischer Rheingau-Riesling: In der Nase Pfirsich und Aprikose mit einem Hauch von Rosenduft. Saftige Frucht
mit feinen Kräuter-Moosnoten, filigranes Süße-Säure-Spiel und eine angenehme Frische im Abgang.

Während ich auf meine kulinarische Belohnung wartete, entspannte ich zusehend. Ich ließ die Blicke schweifen und entdeckte immer mehr von der liebevollen Mühlendekoration, alles in lichten Pastelltönen.

Ich musste lachen. Als Kind hätte ich mir nicht vorstellen können, Blüten zu essen. Damals gab es für mich nur Petersilie, Schnittlauch und Dill. Und jetzt hier? Wunderbar.

Mein Carpaccio war mit Kapuzinerkresse und mein Fisch mit einem überschwänglichen Kräutersträußchen verschönert. Lecker!

ZUFRIEDEN UND VERWÖHNT BESICHTIGTE ICH ANSCHLIESSEND DAS INNERE DER MÜHLE UND WAR BEGEISTERT VON DER LEICHTEN, VERSPIELTEN DEKORATION. LIEBEVOLLE DETAILS, WIE PUSTEBLUMENBILDER UND GEHÄKELTE LAMPENSCHIRME, KLEINE TISCHE HÜBSCH GESTALTET, SCHUFEN EINE ANHEIMELNDE ATMOSPHÄRE.

„ICH LIEBE ES, MIT DEN FRISCHEN KRÄUTERN AUS UNSEREM GARTEN ZU KOCHEN"

Daniel Schrörs, Koch

RUMPSTEAK VOM WILDOCHSEN
MIT OLIVEN-TOMATEN-TAPENADE UND ROSMARIN

HAUPTSPEISE

1,5 kg Roastbeef vom Wildochsen, 900 g schwarze Oliven, 500 g getrocknete Tomaten in Öl, 2 Zwiebeln, 100 g Frühlingslauch, 1,6 kg Drillinge (Kartoffeln), 3 Zweige Rosmarin

REZEPT FÜR 8 PERSONEN

Den Backofen auf 80°C vorheizen. Das Roastbeef (pro Stück 200-250 g) eventuell von Sehnen befreien und salzen. Von beiden Seiten ca. 1-2 Minuten anbraten bis sich eine schöne Kruste gebildet hat. 1 Rosmarinzweig dazulegen. Anschließend auf ein Gitter legen und im vorgeheizten Backofen fertig garen.

Drillinge gar kochen. Oliven, getrocknete Tomaten (Öl auffangen) in kleine Würfel schneiden, mischen und anschließend das Öl wieder dazugeben. Klein geschnittene Zwiebelwürfel, feine Lauchscheiben und die abgezupften Nadeln der Rosmarinzweige unterrühren. Drillinge vierteln und in der Pfanne, in der das Steak angebraten wurde, ebenfalls anbraten. Zwiebeln und Lauch dazu, mit Salz und Pfeffer abschmecken. Die fertige Tapenade mit einem Löffel zu einer Nocke formen und auf das Steak geben. Mit Kartoffeln und Petersilie garnieren.

WEINBEGLEITUNG

Ankermühle Riesling HÖLLE trocken

Im Barrique vergorener und gereifter Ausnahme-Riesling. Komplexes Aromenspektrum von reifen gelben Früchten aber auch Anklänge von Rosen, Quitten, Kiwis, Orangenschalen und ein Hauch von Zimt. Als letzten Gruß - Zartbitterschokolade im Abgang. Am Gaumen dicht und saftig, untermalt von feiner Säure und deutlicher Würze.

AMARETTI-APRIKOSEN
MIT JOGHURT-WALDBEEREN-EIS

DESSERT

Joghurt-Waldbeeren Eis: 200 g Joghurt, 2 El Puderzucker, 1 El Limettensaft, 150 g Waldbeeren

Amarettini-Aprikosen: 800 g Aprikosen, 275 g Mehl, 175 g Butter, 1 Priese Vanillezucker, 1 Priese Salz, 1 Ei, 150 g Zucker, 1 Päck. Amarettini ca. 25 Stk., 5 feuerfeste Schälchen

REZEPT FÜR 8 PERSONEN

Joghurt, Puderzucker und Limettensaft gut vermengen. Anschließend die Waldbeeren mit dem Pürierstab untermixen und mindestens für 6 Stunden einfrieren.

Aprikosen waschen, entsteinen und vierteln. Mehl, Butter, Vanillezucker, Zucker, Salz und Eigelb zu Streuseln verarbeiten. Die Streusel in 8 feuerfeste Förmchen verteilen. Nun die Aprikosen gleichmäßig auf die Förmchen verteilen. Pro Schale ca. 5 Amarettini über die Aprikosen zerbröseln.
Bei 175 °C Umluft im Ofen 30 Minuten backen. Auf die noch warmen Amarettini-Aprikosenschälchen eine Kugel Eis auflegen und mit Puderzucker und Minzblatt dekorieren.

WEINBEGLEITUNG

Ankermühle Riesling THERESIA fruchtsüss
In der Nase feine Noten von Pfirsich, Maracuja und Ananas. Der opulent süße Abgang passt hervorragend zu süßen Desserts oder würzigem Käse.

„DIE ACHTUNG VOR
DEN ROHSTOFFEN IST
DIE SEELE DER KOCHKUNST."

Marc Oertel, Küchenchef

EINGUT ANKERMÜHLE
APPERWEG
375 OESTRICH-WINKEL
L: 06723 2407
FO@ANKERMUEHLE.DE
WW.ANKERMUEHLE.DE

WEINGUT DR. CORVERS – KAUTER

Im Herzen von Oestrich-Winkel, mitten im alten Ortskern von Mittelheim, steht ein wunderschönes Haus, wie aus einem Hochglanzkatalog entsprungen. Seine hellgelben Fronten, die weißen Sprossenfenster, die dunkelgrünen Klappläden – alles pure Harmonie, beschauliche Eleganz. In den Fenstern findet man charmante Dekoration, überall grünt und blüht es.

Ich hatte auch dieses Mal wieder ein Wow-Gefühl und als ich durch das schmiedeeiserne Törchen ging, empfingen mich Kaskaden von Ranken und Blüten in weiß und grün.

Der „Weingarten" unter lauschigen Bäumen mit modernem Mobiliar ist ein idyllischer Ort, um seinen Glücksspeicher aufzufüllen. Das heutige Weinhaus ist eine Verschmelzung aus zwei traditionsreichen Weingütern aus Oestrich und Rüdesheim. Es ist über die Grenzen des Rheingaus hinaus bekannt für seine hervorragenden Weine und für seine abwechslungsreiche, feine Küche.

Am Rande des Gartens betrat ich die Wein- und Genussgalerie Terra50.
Dieser Name steht für den 50. Breitengrad, der entlang des Rheingaus vorbeiführt.
Er steht aber auch für Verbundenheit mit der Heimat und den hochwertigen
Produkten, die die Gegend hergeben und die sorgfältig bearbeitet werden.
Der Raum mit der Showküche ist beeindruckend, das Licht einladend,
die Wände aus Bruchstein, die Möbel puristisch und aus Holz,
der Kochtresen supermodern.

Und da stand sie, die Herrin des Ganzen, Brigitte Corvers und erwartete mich
schon. Mit einem herzlichen Händedruck hieß sie mich willkommen.
Alles war für „die Kochshow" vorbereitet. Sämtliche Zutaten für das Menü lagen
ordentlich und farblich sortiert vor ihr.

„ICH VERSUCHE IMMER ALLES BIS INS DETAIL VORZUBEREITEN,
WER WEIß, WAS IM NÄCHSTEN MOMENT PASSIERT."

Das war der weise Ausspruch einer Frau, die täglich für das Wohl zahlreicher Gäste zuständig ist
und als Profi mit unbändiger Freude ihre Arbeit verrichtet.

„Sie sind weiß und rot. Die Stars des Rheingaus sind Riesling und Spätburgunder.
Es entstehen jedes Jahr faszinierende Weine, die mit viel Aufmerksamkeit ausgebaut werden.
Wir vom Weingut Corvers Kauter begleiten die Reben mit unserer ganzen Erfahrung,
damit sie ihre Schubkraft entfalten. Um das Beste aus dem Angebot der Natur zu nehmen,
steht für uns selbstverständlich eine umweltschonende Pflege der Weinberge.
Unser Weingut ist ein Biolandbetrieb."

„MEIN DENKEN UND HANDELN
IST IN DEN ZYKLUS
DER NATUR EINGEBUNDEN."

Matthias Corvers, Inhaber

„Jeder meiner Handgriffe vom Rebschnitt bis zur Lese hinterlässt seine
Spuren im Wein. Alles ist schmeckbar. Das macht meinen Beruf des Winzers
an jedem Tag eines Jahres spannend und ist eine Mischung aus
intensiver Arbeit und köstlichem Ergebnis".

„WIR FÜHREN UNSERE TALENTE ZUSAMMEN, UM DEN WEINBERGEN IHRE TIEF VERBORGENEN GEHEIMNISSE ZU ENTLOCKEN UND SIE MIT DER GUTSKÜCHE KULINARISCH IN EINKLANG ZU BRINGEN."

Brigitte & Matthias Corvers

RÄUCHERFISCHMOUSSE

VORSPEISE

10 g Butter, 15 g Zwiebeln, fein gehackt, 200 g Erbsen, gepalt, frisch oder TK, 100 ml Gemüsefond, 100 ml Noilly Prat (franz. Wermut), 400 ml Sahne 35 %, 150 g Forellenfilet, geräuchert, Salz, Pfeffer, 8 Blatt Gelatine, 400 g Krabben, 3 El Agrest/Verjus ersatzweise abgeriebene Zitrone und 1 El Zitronensaft, 4 El Olivenöl, etwas feines Meersalz

REZEPT FÜR 12 PERSONEN (1 LITER-FORM)

Butter und Zwiebel glasig andünsten, Erbsen, Gemüsefond und Nolly Prat zugeben und 4 Minuten weiterdünsten.
Mit 200 ml Sahne auffüllen, die auseinandergezupften Forellenfilets zugeben und kurz aufkochen.
Alles mit dem Zauberstab fein zerkleinern. Mit Salz und Pfeffer abschmecken.
Die vorgequollene Gelatine unterrühren. Die Masse abkühlen lassen und kurz vor dem Gelieren
200 ml steif geschlagene Sahne vorsichtig unterheben. Die Krabben mit dem Agrest,
Olivenöl und etwas Meersalz marinieren.

WEINBEGLEITUNG

Eine feine trockene Riesling Spätlese (z.B. Dosenberg),
der eine zurückhaltene Säure und eine dezente Frucht besitzt.

„HAUPTSACHE ES IST GUT UND SCHMECKT."

Brigitte Corvers, Inhaberin und Restaurantleitung

Dann ging es los! Der Kalbstafelspitz wurde angebraten und verbreitete einen wunderbaren Duft.

Das erinnerte mich an meine Kindheit. Jedes Jahr ließen meine Eltern ein Kalb schlachten. Samstagabends saßen wir Geschwister dann mit roten Wangen am Küchentisch und aßen die gefühlt besten Bratenstücke der Welt.

Es ging weiter mit der Vorbereitung der Fischmousse. Mit geübten Handgriffen ging Brigitte Corvers zur Sache und ehe ich mich versah, verschwand die Vorspeise in der Kühlung. Es machte mir Spaß, ihr beim Anrichten des Tafelspitzes und des Desserts zuzusehen, abwechselnd ein Glas Wein und die Kamera in der Hand.

Ich sagte doch, ich liebe meine Arbeit. Und dann durfte ich genießen!

KALBSTAFELSPITZ
MIT KRÄUTERSAUCE UND OFENKARTOFFELN

HAUPTSPEISE

Kalbstafelspitz: 1 kg Kalbstafelspitz, 2-3 El Öl, Salz und Pfeffer

Kräutersauce: 1 Paket Frankfurter Grüne-Sauce-Kräuter, 2 Becher Schmand, 2 El Mayonnaise, Peffer und Salz, 1 El Zitronensaft

Ofenkartoffeln: 800 g vorwiegend festkochende Kartoffeln, nicht zu groß (z.B. Annabell), etwas Öl, Salz und Kümmel

REZEPT FÜR 4 PERSONEN

Kalbstafelspitz: Den Kalbstafelspitz pfeffern und salzen, in der Pfanne mit Öl rundherum anbraten, anschließend den Kalbstafelspitz in den auf 120°C vorgeheizten Ofen schieben. Die Garzeit beträgt ca. 50-60 Minuten. Am besten mit einem Kerntemperaturtermometer auf 64°C garen.

Kräutersauce: 1 Paket Frankfurter Grüne-Sauce-Kräuter waschen und fein hacken, mit Schmand, Mayonnaise und Zitronensaft verrühren, mit Salz und Pfeffer abschmecken.

Ofenkartoffeln: Kartoffeln waschen und halbieren, auf ein geöltes Backblech setzen, mit Salz und Kümmel bestreuen, ca. 20-25 Minuten im auf 180°C vorgeheizten Backofen garen lassen.

Hierzu passen auch frische Pfifferlinge oder fein angebratenes Sommergemüse.

WEINBEGLEITUNG

R3 - Rheingau Riesling Remastered oder auch TERRA 50, je nach Geschmack

RHEINGAUER
HIMBEERÜBERRASCHUNG IM GLAS

DESSERT

50 g Puderzucker, 50 g Zucker, 40 g Butter, 150 g frische Himbeeren,
einige Himbeeren zur Dekoration aufheben,
1/2 Zitrone, 100 g Frischkäse, 150 ml Sahne 35 %, 80 g Butterkekse

REZEPT FÜR 4 PERSONEN

Kekse zerkrümeln und mit der weichen Butter verkneten und kühl stellen.
Die abgeriebene Zitronenschale mit 2 El Zitronensaft, Puderzucker und Frischkäse glatt rühren.
Steif geschlagene Schlagsahne vorsichtig unter die Frischkäsemasse rühren.
Die Himbeeren mit dem Zucker pürieren.

Anschließend die Keksmasse, die Frischkäsemasse und das Himbeerpüree in Gläsern
abwechselnd schichten und mit Himbeeren dekorieren.

WEINBEGLEITUNG

Eine liebliche Riesling Auslese
oder eine feine Spätburgunder Blanc de Noir Auslese

VINOTHEK ↗↗

GEWÖLBEKELLER ↙↙

EINGUT DR. CORVERS-KAUTER
RHEINGAUSTRASSE 129
375 OESTRICH-WINKEL
L: 06723 2614
FO@CORVERS-KAUTER.DE
WW.CORVERS-KAUTER.DE

SCHLOSS SCHÄNKE, Reinhartshausen

Es war noch kühl, dennoch wärmten die ersten
Sonnenstrahlen meinen Rücken.

Am Rhein wehte ein ständiger, böiger Wind. Das Wasser kräuselte sich. Heute war ich den Leinpfad rund um Eltville und Erbach gewandert, Ziel war die Schloss Schänke von Reinhartshausen.

SCHLOSS SCHÄNKE

Ein schmaler Fußweg führte vom Rhein hinauf ins Grüne, links der Schlosspark mit hohen, alten Bäumen und rechts der große Kräutergarten der Schloss Schänke.
Die Terrasse der Schänke lag geschützt hinter einem großen Busch und vielen großen bepflanzten Kübeln.
Die Sonnenschirme warteten darauf, aufgespannt zu werden, wärmende Decken lagen schon bereit.
Auf allen Tischen stand ein Tontöpfchen mit Blüten oder Kräutern.

*Als ich näher trat, zog mich der magische Duft
von frisch gebackenem Brot an.*

Das kannte ich schon und liebe es bei jedem meiner Besuche. Tiefes Einatmen und Vorfreude.

Die Stube war so einladend wie immer.
Altes Mobiliar, liebevoll über Jahre zusammengetragen.
Ich garantiere, dass man auch nach mehreren Besuchen immer noch etwas Neues entdeckt.
Durch jahreszeitlich wechselnde Dekorationen wirkt der Raum jedes Mal anders.

Ich wurde schon erwartet. Mario Reuter und Daniel Horne wollten mir die Zubereitung eines Menüs zeigen.

„AM LIEBSTEN ARBEITE ICH MIT
SELBST ANGEBAUTEN KRÄUTERN & GEMÜSEN"

Mario Reuter, Küchenchef

Erst mal ging es in den Kräutergarten.
Auf zwei großen Beeten war eine Unmenge an frischen Kräutern gepflanzt, deren Duft durch die feuchte
Witterung noch verstärkt wurde. Trotz ihres hohen Wertes für die tägliche gute Küche, führen Kräuter
oft ein viel zu trostloses Pflanzenleben. Hier werden sie gehegt und gepflegt.

Das Brot hatte ich ja schon gerochen, jetzt in Kombination mit zwei wunderbaren Aufstrichen war es einfach köstlich.

STRAUCHTOMATENSÜPPCHEN
MIT BASILIKUMPESTO UND PINIENKERNEN

VORSPEISE

Süppchen: 500 g geschälte Tomaten, 200 g frische Tomaten, 200 ml Geflügelfond,
Olivenöl, 2 Schalotten, 80 g Stangensellerie, 40 g Fenchel, 40 g Karotten,
2 Knoblauchzehen, 3 Zweige Bohnenkraut, 3 Zweige Thymian, Tomatenessig, eine Prise Zucker,
Salz und Pfeffer aus der Mühle, 60 g Pinienkerne als Einlage
Basilikumpesto: 1 Bund Basilikum, 60 ml Olivenöl, 60 g Parmesan, 40 g Pinienkerne,
Salz und Pfeffer aus der Mühle

REZEPT FÜR 4 PERSONEN

Schalotten, Karotten, Fenchel, Sellerie und Knoblauch in Olivenöl anschwitzen.
Tomaten und den Geflügelfond hinzufügen, 30 Minuten leicht köcheln lassen.
Anschließend Kräuter und Gewürze hinzufügen und weitere 30 Minuten köcheln lassen,
dann abschmecken und die Suppe durch ein grobes Sieb passieren.
Für das Basilikumpesto die Basilikumblätter, Olivenöl, den geriebenen Parmesan und
die gerösteten Pinienkerne in einer Küchenmaschine zu einem Pesto verarbeiten; anschließend abschmecken.
Die Suppe in Teller füllen, dann das Basilikumpesto hineingeben und mit Pinienkernen bestreuen.

WEINBEGLEITUNG

Schloss Reinhartshausen Weissburgunder & Chardonnay trocken,
von der Rheininsel Mariannenaue

„FÜR MICH PERSÖNLICH WAR ES DIE BESTE
ENTSCHEIDUNG, KOCH ZU WERDEN."

*Küchenchef Mario Reuter
mit seinem Sous-Chef Daniel Horne*

AUF DER HAUT GEBRATENER RHEINZANDER AUF LAUCHBETT, NEUE KARTOFFELN UND KAPERNÄPFEL

4 Stück Zander à 150 g, 12 neue Kartoffeln, 2 Stangen Lauch, 12 Kapernäpfel, 1 Knoblauchzehe, Salz und Pfeffer aus der Mühle, Lorbeer, Butter, Noilly Prat, 20 g geröstete Kürbiskerne, 80 g Karottenwürfel, 200 ml Beurre blanc

REZEPT FÜR 4 PERSONEN

Lauch waschen, das Grüne fein schneiden, blanchieren und fein mixen
und passieren, das Weiße in Rauten schneiden und blanchieren.
Kartoffeln mit Salz und Lorbeer in der Schale kochen und pellen.

Zanderfilet auf der Hautseite einschneiden, mit Salz und Pfeffer würzen.
In einer Pfanne Butter, Thymian und Knoblauch aufschäumen und den Zander darin auf der
Hautseite anbraten. Lauchpüree mit Salz und Pfeffer würzen, Noilly Prat etwas erwärmen
und zusammen mit den Lauchrauten, Karottenwürfeln und Kürbiskernen an das Püree geben.
Kartoffeln und Kapernäpfel in der Butter anschwenken und würzen und zusammen
mit dem Zander und dem Lauchpüree servieren.

WEINBEGLEITUNG

Schloss Reinhartshausen Grauburgunder, trocken

TIRAMISU VON WALDBEEREN
UND HOLUNDERBLÜTEN

DESSERT

Für die Crème: 250 g Mascarpone, 100 g Eigelb, 2 Vanilleschoten, 125 g Puderzucker,
80 ml hausgemachter Holunderblütenfond, Zitronenabrieb
Für das Waldbeeren-Ragout: 125 g Himbeeren, 125 g Heidelbeeren,
125 g Brombeeren, 150 g Erdbeeren, eine Prise Zucker, 2 cl Tia Maria,
150 g Himbeermark, 1 Beutel Amarettini, Kakaobohnenbruch, 4 Weingläser

REZEPT FÜR 4 PERSONEN

Für die Crème Eigelb, Puderzucker, Vanille und Zitronenabrieb in einer Küchenmaschine aufschlagen,
Mascarpone und Holunderblütenfond unterrühren. Die Erdbeeren vierteln und mit den anderen
Beeren vermengen, Himbeermark und Tia Maria hinzufügen und marinieren,
eventuell noch etwas zuckern. Die Amarettini zerbröckeln; dann abwechselnd Beerensalat,
Mascarponecrème und Amarettini im Glas schichten.
Ein paar Beeren und Kakaobohnenbruch als Finish hinzufügen.

WEINBEGLEITUNG

Hattenheimer Wisselbrunnen Riesling Spätlese
- dezente Süße -

Claudia Balzer, Geschäftsführerin Schloss Schänke

DIE SCHLOSS SCHÄNKE, DAS WOHNZIMMER DES RHEINGAUS."

uthentisch, ehrlich und bodenständig. Ganz viel Liebe zum Detail. Leckere Speisen,
östliche Weine. Herzlichkeit. Gastfreundschaft. Die heimelig Stubb' und die wunder-
:höne Terrasse. Sonnenstrahlen. Die Seele baumeln lassen und das Leben genießen.

STAURANT SCHLOSS SCHÄNKE
SCHLOSS REINHARTSHAUSEN
JPTSTRASSE 41
346 ELTVILLE-ERBACH AM RHEIN
.: 06123 793380
O@PROSPERITA.DE | WWW.PROSPERITA.DE

WINEBAR - KITCHEN & BAR

AMERICAN STYLE MEETS RÜDESHEIM

Meine Wanderung führte mich dieses Mal nach Rüdesheim.
Mitten im Ort stand ich plötzlich vor einem roten Haus, üppig bewachsen mit Glyzinien und Weinranken.
Der Schriftzug „Winebar - Kitchen und Bar" auf den Fenstern lockte mich an.

Neugierig betrat ich den seitlich liegenden Innenhof.

Lauschig, schön bepflanzt und mit farbigen Tischen und Stühlen bestückt, machte er einen sehr einladenden Eindruck.

Dave Brubeck's „Take five" zog mich magisch an. Ein toller Moment!

Doch leider waren die Plätze entweder besetzt oder reserviert.
Als ich schon enttäuscht umdrehen wollte, erschien fröhlich lächelnd ein junger Mann und stellte mir einen weiteren runden Tisch genau an die Stelle mit der Restsonne des Tages. Wie leicht man mich doch glücklich machen kann!

WEINGUT EHRHARD
BÜRO

„THE MODERN STYLE OF WINE"

Rienne Martinez & Alexander Nerius, Gastgeber

International, jugendlich, locker und gemütlich geht es zu in dieser WINEBAR im Weingut von Carl und Petra Ehrhard, die zusammen mit Freunden ihre kulinarische Weinleidenschaft teilen möchten:

Alexander Nerius, Kapstadt & Rheingau, ist verantwortlich im Grafikdesign für das einmalige Konzept der Gastlichkeit im Rheingau! Rienne Martinez, Köchin und Sommelier aus New York, zaubert die kreativen, saisonal feinen Speisen mit wöchentlich wechselnden Spezialitäten.

Im Haus selbst entdeckte ich in beiden Gasträumen wunderschöne alte Möbel,
die vor den farbigen Wänden einfach toll aussehen. Deren Gestaltung mit Liebe zum Detail,
lässig mit Lounge-Charakter und verbunden mit der Vinothek als WINEBAR lädt ein,
die Zeit zu vergessen!

WINEBAR

Kitchen and Bar

RÜDESHEIM IM RHEINGAU

Irgendwann landete ich, angezogen vom leckeren Duft, in der Küche.
Die Ausstattung war kein High-Tech Gebilde, sondern eher so wie zuhause, nur funktionaler.
Das Reich von Rienne, die mich gut gelaunt, quirlig und doch völlig entspannt begrüßte.
Und auch hier wieder viel Farbe: rote und blaue Fliesen, wie ein amerikanischer Quilt
und hinter einem Fenster die Töpfe mit Kräutern.

„CAN THE GERMANS EAT
COLD FRIED CHICKEN WITH THEIR HANDS?"
Rienne Martinez

Winebar,
ich komme gerade an
und all meine Sinne
werden wach –
Wohlgefühl pur!

„Unsere WINEBAR ist das gefühlte letzte Puzzleteil als Verbindung
von allem, was wir die letzten 10 Jahre in unserem Gutsausschank lebten,
und vor allem gedacht als Heimstätte für den Wein:

Treffpunkt für Menschen jeden Alters!"

FENCHEL-ORANGEN-SALAT

VORSPEISE

3 Blutorangen oder normale Orangen, 2 ganze Fenchel, ½ Bündel glatte Petersilie,
1/3 Tasse Olivenöl, 1/8 Tasse Champagner-Essig, 1 El gerösteter Koriander,
Salz und Pfeffer zum Abschmecken

REZEPT FÜR 4 PERSONEN

Die Orangen raspeln und Olivenöl dazugeben. Das Ganze mit dem Champagner-Essig, den Koriandersamen
vermischen. Anschließend mit Salz und Pfeffer würzen, gut durchmischen und zur Seite stellen.
Die Orangen schälen und filetieren, Petersilie säubern und Fenchel in dünne Scheiben schneiden.
Etwas von dem Grün des Fenchel abzupfen und ebenfalls in den Salat geben.

WEINBEGLEITUNG

„Carl Ehrhard Klosterberg feinherb" Riesling oder andere
säurebetonte frische Rieslinge

„CHICKEN IS READY"

Rienne

Zurück am Tisch im Innenhof ließ ich meine Eindrücke noch nachwirken.
Die Unbeschwertheit und Ungezwungenheit, die ansteckende Fröhlichkeit von Rienne Martinez
und Alexander Nerius, das war der Retter mit dem Tisch, ließen mich völlig entspannen. Und dann d[er]
Ruf aus dem geöffneten Fenster: „Chicken is ready!" Wie schön kann doch das Leben sein.

*Menschen, die ein Landhuhn so perfekt, ohne viel Schnickschna[ck]
so lecker im Ofen garen können, sind die Kreativen im Land.
Danke Rienne!*

WINEBAR HÄHNCHEN
MIT ZWIEBEL, BABY KAROTTEN UND DIJON SENF

HAUPTSPEISE

1 marktfrisches Hähnchen, Salz zum Einreiben, 1 Handvoll Baby Kartoffeln,
2 Zwiebeln, mittelgroß in Scheiben geschnitten, 1 Glas körniger Dijon Senf

REZEPT FÜR 4 PERSONEN

Das marktfrische Hähnchen abwaschen, trocknen und auf einem Backblech platzieren. Anschließend mit ausreichend Salz einreiben. Das Hähnchen muss nun mindestens 45 Minuten, besser 1 Stunde, bei Zimmertemperatur ruhen. Den Ofen auf 200°C vorheizen, Zwiebeln und Kartoffeln zum Hähnchen auf das Backblech geben. Die Zwiebel unten platzieren.

Das Hähnchen wird nun ca. 40 Minuten geröstet bis es gar ist. Durch das Salzen des Hähnchens haben Zwiebel und Kartoffel ihre Würze bereits erhalten. Wenn das Hähnchen fertig ist, wird es mit körnigem Dijon Senf serviert.

WEINBEGLEITUNG

„Carl Ehrhard Klosterberg feinherb" Riesling oder
andere säurebetonte frische Rieslinge

PFANNKUCHEN KÜCHLEIN

DESSERT

60 ml Milch, 50 ml weißer Zucker, 3 Eier, 1 Zitrone unbehandelt (Schale abraspeln), 1 Prise Salz, 120 g Mehl, 720 g saisonale Früchte, 1 El Butter

REZEPT FÜR 2 PERSONEN

Ofen auf 200°C vorheizen. Alle Zutaten der Reihenfolge nach
in einen Behälter geben und mixen. Nun eine kleine Backform im Ofen platzieren und
nach der Vorheizzeit die Butter dazugeben.

Sobald diese geschmolzen ist, die gemixte Masse hineingeben,
danach kommen die Früchte dazu. Backen bis das Küchlein goldbraun ist
und je nach Wunsch mit Puderzucker bestreuen und/oder Mascarpone
dazu servieren.

WEINBEGLEITUNG

*„Carl Ehrhard Klosterberg feinherb" Riesling oder andere
säurebetonte frische Rieslinge*

„WEINGENUSS IN ALL SEINEN FACETTEN ZAUBERT EIN LACHEN IN UNSER GEMÜT UND SCHAFFT UNVERGESSLICHE MOMENTE!"

Petra Ehrhard, Inhaberin

NEBAR | KITCHEN & BAR
SENHEIMER STRASSE 3
385 RÜDESHEIM AM RHEIN
: 06722 47396
SERVIERUNG@CEWINEBAR.COM
W.CARLEHRHARD-WINEBAR.COM

Carl Ehrhard, Inhaber

Weingut Carl Ehrhard, seit 130 Jahren, nun in der 5. Generation, Inhaber Petra und Carl Ehrhard seit 1998.
Auf 10 ha der besten Lagen in Rüdesheim wachsen unsere Riesling- und Spätburgundertrauben, Weine mit unverwechselbarem Charakter des Rheingau.

„Qualität ist so einfach: gesunde Trauben für unseren Wein und für die Speisen sehr gute Grundprodukte!"
Gutsausschank seit 2004, zusätzlich WINEBAR im Weingut, seit Februar 2014.

BURG SCHWARZENSTEIN

Malerische Momente. Das fällt mir spontan ein, wenn ich an die Burg Schwarzenstein denke. Als Fotografin habe ich schon einige glückliche Hochzeitspaare, hier in dieser exklusiven Oase, begleitet. In Erinnerung geblieben ist mir die gelungene Einheit aus herrschaftlicher Burgruine mit romantischer Terrasse und modernem Hotel im weitläufigen Grün.

Als ich an diesem sonnigen Tag das Areal ein weiteres Mal betrat, passierte es wieder.

Der Zauber des Parks, das Spiel des Lichts in den großen Bäumen, der Duft von gemähtem Rasen und die schönen Erinnerungen ergriffen von mir Besitz.

Nur heute wartete kein Brautpaar auf mich, sondern Dirk Schröer, der Küchenchef des Burg- und Gourmet-Restaurants. Diesen modernen Pavillon wollte ich heute besichtigen und einen Blick in seinen Kochtempel werfen.

Ein ausdrucksvolles Lichtkonzept empfing mich.
Die großen Fenster erlaubten mir einen eindrucksvollen Blick auf die Ruine nebenan, den Rhein,
die Weinberge unterhalb bis hin zum entfernt liegenden Kloster Marienthal.
Das Ambiente des Raumes in creme und schwarz bildete einen angenehmen Kontrast zu den
verschiedenen Grüntönen der Natur. Meine Augen fühlten sich wohl.

„DER STAR IN DER KÜCHE IST DAS PRODUKT. NIEMALS AUFHÖREN ZU DENKEN. ES GEHT IMMER NOCH BESSER."

Dirk Schröer, Chef- & Sternekoch

Wie würde ich das Restaurant beschreiben oder welche Idee steckt dahinter:

Modern, leger, regional und doch weltoffen.
Oder wie es viele Gastronomen sagen: Wir kochen für unsere Gäste und nicht für Tester.

Als ich die Küche betrat, war ich nochmals begeistert.

Groß, stylisch, edel in Chrom und Granit, mein Hobbykochherz schlug schneller.

Die Lampen brannten über der Anrichte, jedes Utensil war exakt nach Größe geordnet und gestapelt.
In drei großen Kesseln köchelte es leise vor sich hin. Jeder Koch stand an seinem Platz bereit. Erst einmal geschah nichts.
Ich wunderte mich und wartete. Und dann ging alles ganz schnell. Die ersten Gäste waren eingetroffen.

Zack, zack wurden Türen geöffnet. Geputztes Gemüse, pariertes Fleisch, filetierter Fisch, Dosen und Spritztüten
mit geheimnisvollem Inhalt wurde hervorgezaubert. Hoch konzentriert, mit einstudierten Bewegungen, ohne überflüssig
Handgriffe, völlig ruhig, mit präzisen Angaben gingen die Köche zu Werke.

Und plötzlich stand der fertig komponierte Teller vor mir. Eine kulinarische Kostbarkeit,
die vom Küchenchef vor dem Verlassen der Küche noch einmal begutachtet wurde.

Der Vergleich mit einem Orchester kam mir in den Sinn, die Komposition, der Dirigent und die Musiker,
in verschiedenen Tempi arbeitend. Klar wurde mir aber auch, dass die kreative, aufwendige Arbeit Stunden vorher
stattfand und ich nur beim Finale dabei war. Jeder Gast sollte dies mal erleben dürfen,
er würde seinen Teller noch verliebter anschauen.

Exzellente Küche für
ganz besondere Momente,
ich bin begeistert !

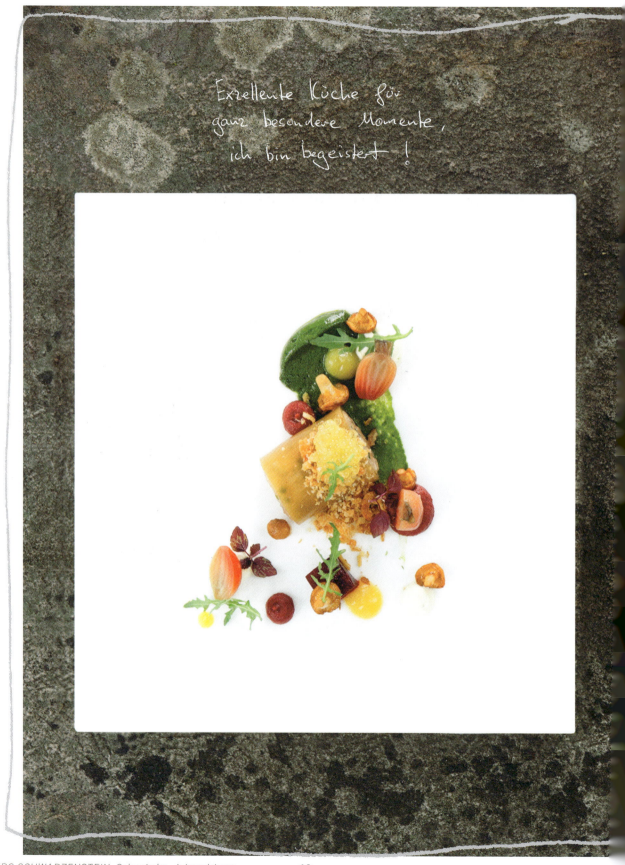

WISPERTAL FORELLE MIT PFIFFERLINGEN, RUCOLA, ROTER BETE UND LIMONEN CRÈME FRAÎCHE

Für die Forelle: 2 Forellen, filetiert und entgrätet, 30 g weißer Rettich, geschält, 2 El Schnittlauch, in feine Ringe geschnitten, 20 g Limonenöl, 200 g Pfifferlingsessenz, 1,3 g Agar Agar

Für die Rote Bete: 150 g Rote Bete, weichgekocht und geschält, 1 Zwiebel, 1 El Butter, 50 ml Geflügelbrühe, 60 ml Apfelsaft, 10 g Meerrettich aus dem Glas, 50 g Apfelessig, Salz, Pfeffer aus der Mühle und Kreuzkümmel

Für die Limonen Crème Fraîche: 60 g Crème Fraîche, Saft und Abrieb von einer halben Limone, Salz und japanischer Bergpfeffer

Für die Rucolapaste: 200 g Rucola, geputzt und gewaschen, Öl zum Frittieren, 30 g Olivenöl, 20 g mehlige Kartoffel, geschält und weichgekocht, Salz und frischer Pfeffer aus der Mühle

Für die Röstzwiebelcrumble: 1 Zwiebel, geschält und in feine Ringe geschnitten, Mehl und Paprikapulver zum Bestäuben, Öl zum Ausbacken, 2 El Panko (japanische Weißbrotbrösel), Salz, gehackter Kümmel

Zum Anrichten: Ein paar angeschwitzte Pfifferlinge, Rucolablättchen, Shisokresse und Yuzogel

REZEPT FÜR 4 PERSONEN

Die Forellen enthäuten und in feine Würfel schneiden. Mit dem Schnittlauch und Limonenöl verrühren und alles mit Salz und Pfeffer abschmecken. Den Rettich längs in feine Scheiben schneiden, leicht überlappend nebeneinander auf eine Frischhaltefolie legen und salzen. Das Forellentatar darauf verteilen und mit Hilfe der Klarsichtfolie zu einer Roulade formen. Die Roulade kurz anfrieren und dann in 5 cm lange Stücke schneiden.

In der Zwischenzeit die Pfifferlingsessenz mit Agar Agar vermischen und unter Rühren aufkochen, durch ein feines Sieb leeren und 1-2 mm dick ausgießen. Das Gelee erkalten lassen und die Roulade damit einpacken.

Aus der Roten Bete Würfel mit einer Kantenlänge von einem Zentimeter schneiden und in den Apfelsaft, der mit Apfelessig und Meerrettich vermischt ist, einlegen. Mit Salz, Pfeffer und Kreuzkümmel abschmecken. Die Rote Bete Abschnitte mit Zwiebeln und Butter anschwitzen und mit Geflügelfond aufgießen. Alles ganz weich kochen, pürieren und in einem Sieb abtropfen lassen, damit man ein sämiges Püree erhält. In einen Spritzbeutel geben und beiseite stellen.

Den Rucola heiß ausfrittieren und in einem Sieb abtropfen lassen. Mit Olivenöl und der gekochten Kartoffel in einer Küchenmaschine eine homogene Paste herstellen und beiseitestellen. Die Crème Fraîche mit ihren restlichen Zutaten in einer Schüssel steif schlagen, abschmecken und ebenfalls in einen Spritzbeutel geben. Die Zwiebeln mit Mehl und Paprikapulver bestäuben und in heißem Öl goldbraun ausbacken. Das Panko in etwas Öl goldbraun braten. Beides auf ein Küchenkrepp geben und im Backofen für ca. 2 Stunden trocknen. Danach die Zwiebeln in einen Mörser geben und fein mahlen und mit dem Panko vermischen. Alles mit Salz und fein gehacktem Kümmel würzen.

Von dem Rucolapesto eine Nocke abstechen, auf den Teller setzen und mit einer Palette ausstreichen. Die eingepackte Roulade daraufsetzen. Einen Würfel Rote Bete ansetzen sowie ein paar Punkte Crème Fraîche und Rote Bete Püree aufspritzen. Mit Pfifferlingen und feinen Kräutern ausgarnieren. Zum Schluss etwas von den Crumbles über die Roulade geben.

WEINBEGLEITUNG

Winkeler Riesling Kabinett Weingut FB-Schönleber, Rheingau

REHRÜCKEN AUS DEM TAUNUS MIT KAFFEESAUCE, KIRSCHEN UND ANISPÜREE

HAUPTSPEISE

400 g Rehrücken, ohne Knochen und sauber pariert, Rehgewürz, Salz, Pfeffer aus der Mühle, Öl zum Braten
12 Navetten, geschält und halbiert, 16 Herzkirschen, halbiert, eingelegt und entkernt,
Butter zum Glasieren der Navetten und Kirschen

Für das Püree: 200 g mehlig kochende Kartoffeln, geschält, 100 g Knollensellerie, geschält und grob gewürfelt,
80 g Butter, 1 Tl Anissamen, 100 g Milch, geriebene Muskatnuss, 3 El geschlagene Sahne

Für die Sauce: 2,5 kg Rehknochen, 2 El Öl, 150 g Zwiebeln, 60 g Karotten, 40 g Knollensellerie,
2 Knoblauchzehen, 200 g Tomaten aus der Dose, 5 l Geflügelbrühe, 1 Lorbeerblatt, 1 Thymianzweig,
1 Rosmarinzweig, 7 Pimentkörner, 10 schwarze Pfefferkörner, 10 Wacholderbeeren,
1 Gewürznelke, 1 El Kaffeepaste

REZEPT FÜR 4 PERSONEN

Die Milch aufkochen, die Anissamen einstreuen, ca. 10 Minuten ziehen lassen und durch ein Sieb passieren.
Die Kartoffeln vierteln und mit dem Sellerie in gesalzenem Wasser weich kochen. Abgießen und sofort durch die
Presse drücken. Die Butter zufügen, das Püree mit Salz und Muskat würzen und die heiße Milch darunter rühren.
Erst zum Schluss die Sahne unterheben und das Püree pikant abschmecken. Es soll cremig sein. Rehrücken in
4 gleich große Stücke schneiden und mit Salz und Pfeffer würzen. In einer heißen Pfanne von allen Seiten anbraten,
danach auf ein Gitter setzen und für weitere 4 Minuten bei 210°C im Ofen garen, herausnehmen
und danach in Alufolie einpacken und für weitere 4 Minuten warm stellen.

Im Anschluß in einer Pfanne mit etwas Rosmarin, Thymian und Butter nachbraten. Butter in einer Sauteuse
schmelzen und Navetten darin anbraten, salzen und pfeffern und weich schmoren. Die Kirschen mit etwas Butter
und Sauce glasieren. Die Knochen klein hacken und in einem flachen Topf in dem erhitzen Öl anbraten.
Das geputzte, zerkleinerte Gemüse zufügen und 5-8 Minuten mitrösten.

Das Fett abgießen und Tomaten unterrühren. Nochmals kurz mitrösten. Mit kalter Hühnerbrühe aufgießen
bis die Knochen gut bedeckt sind, aufkochen lassen und abschäumen. Die Kräuter und Gewürze zufügen,
bei mittlerer Hitze 2-2,5 Stunden leicht köcheln lassen. Danach durch ein feines Haarsieb oder Tuch passieren
und entfetten. Nach Belieben auf die gewünschte Konsistenz einköcheln.
Zum Schluss 1 El Kaffeepaste in die Sauce einrühren und nochmals abschmecken.

Das Anispüree abnocken und auf den Teller setzen. Ein paar Punkte von Kirschgel und Kumquatpüree setzen.
Die Herstellung dieser beiden Zutaten ist sehr aufwendig, kann aber entweder fertig gekauft werden oder
durch den Saft der verwendeten Kirschen ersetzt werden. Die Kirschen und Navetten auf dem Teller verteilen
und die Sauce angießen. Den nachgebratenen Rehrücken halbieren und auf den Teller setzen.
Mit feinen Mangoldblättern ausgarnieren.

WEINBEGLEITUNG

Grange des Pères, Domaine de la Grange des Pères, Langedouc-Roussillon

Das ist Gourmet-Kunst und Gaumenfreude in höchster Qualität. Danke!

FONDANT VON MILCHSCHOKOLADE MIT BROMBEERMOUSSE
UND WHISKY-GIANDUJA-EIS

DESSERT

Fondant von Milchschokolade: 110 g Sahne, 85 g Milchschokolade 40 %, 85 g Bitterschokolade 55 %, 40 g Eigelb (2 Stk.), 35 g Zucker, 110 g geschlagene Sahne

Brombeermousse: 15 g Eiweiß, 15 g Zucker, 1 ½ Blatt Gelatine, 1 cl Brombeerlikör, 100 g Brombeerpüree, 60 g geschlagene Sahne

Whisky-Gianduja-Eis: 250 ml Milch, 250 g Sahne, 50 g Zucker, 4 Eigelb, 100 g Gianduja-Milchkuvertüre, 65 g Drambuie, Sa

Mandelhippen: 60 g weiche Butter, 60 g Zucker, 60 g Mandelgrieß, 1 Ei, 5 g Amaretto

REZEPT FÜR 4 PERSONEN

Fondant von Milchschokolade: Die Sahne aufkochen, auf die gehackte Kuvertüre gießen und verrühren. Um eine glatte Ganache zu erhalten, auf Zimmertemperatur abkühlen lassen. Eigelb und Zucker auf dem Wasserbad schaumig schlagen und dann wieder kalt schlagen. Die Eigelbmasse unter die Ganache heben sowie die geschlagene Sahne, Eiweiß und Zucker steif schlagen.
Die eingeweichte Gelatine mit etwas Brombeerlikör auflösen und unter das Brombeerpüree rühren.
Eischnee und geschlagene Sahne unterheben. In Halbkugeln füllen und einfrieren.
Brombeermousse: Je 2 Halbkugeln zu einer Kugel zusammensetzen und, wenn gewünscht, mit etwas Nappage abglänzen.
Mandelhippen: Milch, Sahne und Zucker aufkochen. Eigelb mit dem Zucker auf dem Wasserbad aufschlagen und mit der aufgekoch
Milch zur Rose abziehen. Gianduja und Drambuie einrühren. In der Eismaschine gefrieren und im Gefrierfach aufbewahren. Alle Zuta
zusammenrühren und mit Hilfe einer Schablone dünn auf eine Silikonmatte aufstreichen. Bei 180°C im Backofen goldgelb backe

WEINBEGLEITUNG

Banyuls, Vin doux Naturel, M.Chapoutier, Languedoc-Roussillion

GUTSAUSSCHANK BAIKEN

DOMAINE RAUENTHAL

Das Baiken liegt wie eine Insel inmitten der Weinberge oberhalb von Eltville. Zu erreichen ist es entweder von der Bubenhäuser Höhe herunter oder direkt von Eltville herauf.

Die letzte kleine Steigung hatte es noch mal in sich. Da ich aber das Baiken von jeder Biegung des Weges aus sehen konnte, zog es mich an, wie an einem Faden gezogen. Es war sommerlich warm, doch durch die Wolken am Himmel nicht so heiß und die Wanderung nicht allzu schweißtreibend. Alles war gut.

Wie heißt es doch so schön:

„Vor dem Genuss hat der liebe Gott den Fleiß verordnet."

Als ich den Gutsausschank erreichte, sah ich am Eingang links und rechts große Weinfässer.
blühende Rosen, ein Weinbergpfirsich, viele kleine Töpfchen mit Kräutern, rankender Wein, alles grünte und lud ein.
Hübsch war auch die Idee, vor jeder Reihe Reben einen Rosenbusch unterschiedlicher Farbe zu pflanzen.

„WIR HABEN SPAß AN UNSERER ARBEIT, WEIL WIR WISSEN, DASS UNSERE GÄSTE GERNE IMMER WIEDER KOMMEN. DAS MACHT UNS STOLZ."

Vera Förster

Gastgeberin Vera Förster empfing mich auf der Terrasse, wo alles schon für die Gäste
vorbereitet war. Im Schlepptau Lulu und Lottchen, die ihr Frauchen auf Schritt und Tritt begleiten
und hier im Paradies leben, bis die Gäste eintreffen.

Der Blick von der Terrasse auf das im Sonnenlicht leuchtende Trieshäuschen
mitten in den Weinbergen auf der einen und der opulente Blick hinunter ins weitläufige
Tal auf der anderen Seite waren schon genial.

In den Gasträumen entdeckte ich keine angestaubte Gutsatmosphäre, sondern modernes, klares Design, freundlich gedeckte Tische mit frischen Blumen.

Überhaupt machten alle, bei der Chefin angefangen, bis zum Service und der Küchencrew einen spontanen, unkomplizierten und lässigen Eindruck.

Der Ausblick ist einfach herrlich. Er ist weit und beruhigt irgendwie.
Weinberge, Rebstöcke so weit das Auge reicht.

Ich bin fast versucht, sie zu zählen und zu überlegen, wie viele
Flaschen Riesling daraus wohl entstehen werden. Abzüglich der 2 Trauben,
die ich auf dem Hinweg schon genascht habe.

*Hier findet man sehr schöne Weine
und kann außerdem wunderbar
essen. Der Gutsausschank hat gar
was Traditionelles, was sehr schön ist.*

MARINIERTE ZUCCHINISCHEIBEN MIT GEBACKENEM ZIEGENKÄSE IM FILOTEIGMANTEL UND SARDELLEN-TOMATEN-SCHLOTZE

VORSPEISE

2 kleine Zucchini, Salz, Pfeffer aus der Mühle, Cayenne, Curry (Msp.), Olivenöl, 4 Blätter Filoteig, 250 g Ziegenfrischkäse, 2 Tomaten, 50 g Sardellen, 1 Bund Blattpetersilie, 1 Zitrone, 1 Eigelb, Butterschmalz zum Anbraten

REZEPT FÜR 4 PERSONEN

Zucchini in feine Scheiben hobeln. Teller mit Olivenöl bepinseln und mit Salz und Pfeffer würzen. Eine Lage Zucchinischeiben auf den Teller geben. Den Ziegenkäse mit Curry und Cayennepfeffer, Salz und Pfeffer marinieren. Ca. 5 Minuten ziehen lassen. In der Zwischenzeit Sardellen und Petersilie kleinhacken, bei den Tomaten das Kerngehäuse entfernen, in kleine Würfel schneiden und mit den Sardellen und Petersilie mischen. Mit Salz, Pfeffer, Cayennepfeffer und einem Spritzer Zitronensaft würzen.

4 Blätter Filoteig auslegen und den Ziegenkäse „als Würstchen" aufbringen und einrollen. Mit ein wenig Eigelb festkleben. In der Pfanne Butterschmalz erhitzen und die Rolle von beiden Seiten goldgelb anbraten. Auf den mit Zucchinischeiben vorbereiteten Teller die Ziegenkäserollen anrichten!

WEINBEGLEITUNG

Rauenthaler Baiken Riesling Crescentia trocken

Dazu passt die teils rustikale Küche mit raffinierten Details.

Ich kam an diesem Abend in den Genuss von Ziegenkäseröllchen,
leicht angemacht mit Tomatensalat.

11TE GENERATION FRIKADELLE
MIT SPINATRISOTTO UND SOMMERTRÜFFELN

HAUPTSPEISE

1 Knoblauchzehe, 1 Zweig Thymian, 40 g Olivenöl, 240 g Arborioreis, 1 l Geflügelbrühe, 6 cl Weisswein, 100 g Butter, 120 g mittelalter Parmesan gerieben, 500 g gehackter, roher Blattspinat, Salz, Sommertrüffel

REZEPT FÜR 4 PERSONEN

Thymianzweig und Knoblauchzehe in Olivenöl leicht erhitzen. Reis hinzugeben, leicht anschwitzen, bis er glasig wird, mit Wein ablöschen und Brühe bedecken. Immer wieder mit Brühe auffüllen, bis keine Flüssigkeit mehr übrig ist. Wenn die ganze Flüssigkeit verkocht und der Reis gar ist, jedoch noch leichten Kern hat, die Butter hinzugeben, damit der Risotto noch mit genügend Flüssigkeit und der Butter richtig schlotzig wird. Zum Schluss mit geriebenem Parmesan verfeinern und binden, Spinat darunterheben, mit Salz und Pfeffer abschmecken und gleich servieren.

Während des Rührens unsere 11te Generation Frikadelle (erhältlich z.B. bei Frische Paradies Edelfisch) langsam und sorgfältig in der Pfanne braten. Selbstverständlich schmeckt das auch mit einer hausgemachten Frikadelle.

Frikadelle auf das fertige Risotto setzen und mit dem Trüffelhobel den Sommertrüffel darüber hobeln.

WEINBEGLEITUNG

*Assmanshäuser Höllenberg Spätburgunder,
Qualitätswein trocken*

„EIGENTLICH WOLLTE ICH
GAR NICHT FOTOGRAFIERT WERDEN"

Miguel Sattler, Küchenchef

Sensationell aber war das Pflaumentörtchen mit samtigem Nougat Sahneeis,
mir persönlich von Küchenchef Miguel Sattler kredenzt.
Pflaumen, so süß und saftig, die Vorboten des Spätsommers.

Während des Essens kam ich mit Gästen des Hauses ins Gespräch, Wiederholungstäterinnen, wie sie mir versicherten. Die Vorfreude auf den Abend war ihnen anzusehen. Überhaupt kamen immer mehr Gäste, die alle herzlich mit Namen begrüßt wurden. Ich bin mir sicher, sie werden nach einem schönen Abend genauso glücklich und zufrieden von dannen gezogen sein wie ich.

ZWETSCHGENTARTE MIT NOUGAT-EIS UND KOMPOTT

DESSERT

Hefeteig für die Tarte: 250 g Mehl, ¼ Würfel Hefe, 100 ml Milch, 1 Ei, 40 g Zucker, 40 g Butter, 1 Prise Salz, 1 Stange Vanille, Abrieb einer ½ Zitrone, 500 g entsteinte und halbierte Zwetschgen

Zwetschgenkompott: 500 g Zwetschgen, ¼ l Riesling, 100 g Zucker, 1 Vanilleschote, 1 Limette, 100 g Gelierzucker

Sahne-Nougat-Eis: 500 ml Milch, 500 ml Sahne, 10 Eigelb, 2 ganze Eier, 300 g Zucker, 350 g Nougat

REZEPT FÜR 4 PERSONEN

Hefeteig: Die Milch handwarm erhitzen und die Hefe darin auflösen. Ei und Zucker zugeben und verrühren. Die Flüssigkeit mit der Aromen mischen. Das Mehl in eine Schüssel füllen, eine Kuhle formen und die Flüssigkeit zufügen. Das Ganze zu einem Teig kneten und kurz vor Schluss die wachsweiche Butter zugeben. Den Teig gehen lassen und dann in kleine Tarteformen einlegen und mit den Zwetschgen belegen. Ofen auf 200°C vorheizen und die Küchlein 15 Minuten bei Ober- und Unterhitze backen.

Zwetschgenkompott: Die Zwetschgen entsteinen. Den Riesling mit dem Zucker, der Vanilleschote und der Limette zum Kochen bringen. Die Zwetschgen hinzugeben, kurz aufkochen und dann vom Feuer nehmen. Abkühlen lassen.

Sahne-Nougat-Eis: Sahne und Milch aufkochen und vom Feuer nehmen. Die Eigelbe, Eier und den Zucker glatt rühren. Eine Schöpfkelle der Sahne-Milch-Masse zu der Eier-Zucker-Masse zugeben. Dann die Eier-Zucker-Masse zu der Sahne-Milch-Masse zurückgießen. Den Nougat zerkleinern und der heißen Masse zugeben und verrühren bis sich der Nougat gelöst hat. Die fertige Masse durch ein Sieb passieren und abkühlen lassen. Nun 24 Stunden im Kühlschrank reifen lassen. Dann kann die Masse in die Eismaschine gegeben werden

WEINBEGLEITUNG

Rauenthaler Baiken Spätlese restsüß

Küchenchef Manuel Sattler und Koch Guido Hollmann verarbeiten ausgewählte Lebensmittel, direkt vom Erzeuger.

SAUSSCHANK BAIKEN
SWEG 86
43 ELTVILLE AM RHEIN
06123 900345
@BAIKEN.DE
W.BAIKEN.DE

WEINGUT & GUTSAUSSCHANK TRENZ

Meine „Hammer" Freundin aus Kindertagen, Beate, war heute an meiner Seite.
Wir wollten unseren Freundinnentag in Johannisberg beim Weingut Trenz zelebrieren. Diesmal trug ich keine
Wanderschuhe, sondern wir stöckelten in High Heels durch den malerischen, historischen Ortskern.
Kein Problem für uns, ließ die Vorfreude uns doch schweben.

Wir kamen an und sahen einen langen geräden Weg, der zu einer Glastür führte. Links die akkurat geschnittene
Ligusterhecke und rechts üppige, duftende Blütenpracht in weiß und blau.

Am Ende des Weges, hinter der Tür, der mediterran angehauchte Innenhof mit modern designter Einrichtung.
XXL-Kübel mit Trompetenbäumen und Kräutern üppig bepflanzt, schufen kleine Nischen. Alle anwesenden
Gäste hatten ein Lächeln im Gesicht, die Atmosphäre war ungezwungen und lässig.

Wir hatten innerhalb kürzester Zeit das Gefühl, in eine Familie aufgenommen zu werden.
Die Fröhlichkeit war einfach ansteckend.

Während wir auf unser Menü warteten, genossen wir schon das erste, kühle Glas Wein.
Das Essen war ein Gedicht. Ein Gang nach dem anderen bezauberte
unsere Gaumen. Irgendwann dann der Seufzer:

„Was geht uns das heute doch gut!"

CRÈME BRÛLÉE VOM ZIEGENFRISCHKÄSE
MIT CRANBERRYCHUTNEY UND BUNTEM SALAT

VORSPEISE

Orangendressing: 1 l Orangensaft, 1 El Honig, 250 g Zucker, 1 El Senf mittelscharf,
2 El Balsamico Essig hell, 300 ml Olivenöl, Salz und Pfeffer

Cranberrychutney: 250 g Cranberry, 500 ml gekochten schwarzen Tee, 3 Schalotten,
50 g Zucker, 2 cl Sherry, 2 cl Portwein, 5 Thymianzweige, Salz und Pfeffer

Ziegenkäse Crème brûlée: 500 ml Sahne, 5 Eigelb, 150 g Ziegenfrischkäse, etwas Akazienhonig,
Zucker nach Geschmack, Salz, Pfeffer und Muskatnuss

REZEPT FÜR 4 PERSONEN

Orangendressing: Orangensaft reduzieren lassen, bis 1/8 übrig geblieben ist. Den Zucker,
Essig und Honig hinzufügen. Mit Salz und Pfeffer abschmecken. Dann die Masse abkühlen lassen.
Anschließend den Senf dazugeben und unter ständigem Rühren mit Olivenöl aufmontieren.
Vor dem Anrichten das kalte Dressing über den Salat geben.

Ziegenkäse Crème brûlée: Die Sahne etwas erhitzen, den Ziegenkäse mit einem Mixstab unterrühren
und mit Honig, Zucker, Salz, Pfeffer und Muskat abschmecken. Zum Schluss das Eigelb untermixen und durch
ein Küchensieb passieren. Ofen auf 95°C vorheizen und die Crème brûlée Masse in Timbal Förmchen oder
tiefe Schalen geben. Das Ganze auf dem Ofengitter für 1,5 Stunden backen, bzw. indirekt pochieren.

Cranberrychutney: Die Cranberrys grob durchhacken und in dem schwarzen Tee 15 Minuten
ziehen lassen. 50 g Zucker in einen kleinen Topf geben und zu Karamell erhitzen.
Anschließend die Schalottenwürfel beigeben und mit Sherry, rotem Portwein und etwas schwarzem
Tee ablöschen. Die abgegossenen Cranberrys dazugeben, unter niedriger Hitze die Flüssigkeit verkochen
lassen und nach und nach den Tee hinzufügen, so lange bis eine homogene Masse entsteht.
Vom Feuer nehmen und mit Salz, Pfeffer und den Thymianblättern abschmecken.

WEINBEGLEITUNG

Rüdesheimer Magdalenenkreuz Riesling spätlese

„FEINE WEINE BRAUCHEN ENGAGEMENT
UND DIE BEREITSCHAFT DES WINZERS
IMMER WIEDER NEUE WEGE ZU GEHEN"
Michael Trenz, Inhaber

In diesem Jahr findet die Weinlese mit unseren Pächtern das zweite Mal statt. Es ist eine Freude, zu sehen
mit wie viel Begeisterung unsere Gäste dabei sind. 250 Erntehelfer, die sich anschließend
an langen Tafeln mit Wildschweinwurst vom Grill und Wein verwöhnen lassen.
Erst kürzlich erzählte mir ein Ehepaar, dass es vier weitere nette Paare gefunden und kennengelernt hatte,
die sich jetzt gemeinsam verabredet haben, an der Lese teilzunehmen.

So entstehen Bande zu unserem Weingut, die ich nicht missen möchte.

Wir hatten an diesem Abend noch die Gelegenheit, uns einer Führung durch den Weinkeller anzuschließen. Einmal das traditionelle Gewölbe im Kerzenschein, farblich illuminiert in Szene gesetzt und im Gegensatz dazu der hochmoderne Abfüllbetrieb mit den großen, polierten Stahltanks.

„Alles Schöne im Leben hat einen Haken.
Es ist unmoralisch, illegal oder macht dick."
Bei Trenz trifft das nicht zu, man wird höchstens süchtig.

Es ist faszinierend, mit welcher Begeisterung und Fröhlichkeit Michael Trenz von der Arbeit eines Winzers erzählte.

Zum Familienweingut Trenz gehören zusätzlich zu den traditionellen Lagen im Rheingau
zwei Hektar Rebfläche im südafrikanischen Stellenbosch.
Dort wird vinifiziert aus den Rebsorten Shiraz, Merlot, Malbec und petit Verdot, im Barrique ausgebaut.
Das Ergebnis ist der Trenz 2two, ein ausdrucksstarker Rotwein,
so einzigartig wie das Land.

„ICH ARBEITE LEIDENSCHAFTLICH GERN"

Dzevad Kabaretovic, Koch

Hier findet man sehr schöne Weine und kann außerdem anständig essen. Das Gutausdenk hat gar was traditionelles, was sehr schön ist.

ROSA GEBRATENES THUNFISCHSTEAK MIT KICHERERBSENPÜREE, GLACIERTEM PACK CHOI UND SESAMSCHAUM

HAUPTSPEISE

Kichererbsenpüree: 500 g getrocknete Kichererbsen, 1,5 l Wasser, 1 l Gemüsebrühe, Sesampaste (Tahin), 100 ml Olivenöl, 1 Knoblauchzehe, Salz, Pfeffer, Muskatnuss

Thunfisch: 1 kg Thunfisch, 1,5 kg Mini Pack Choi

Sesamschaum: 500 ml Fischfond, 2 Schalotten, 50 g weißen, ungerösteten Sesam, 1 Lauchstange, 1 l Sojamilch, 2 cl Sojasauce, 1 Tl Sesampaste, Salz und Pfeffer

REZEPT FÜR 4 PERSONEN

Kichererbsenpüree: Die Kichererbsen in 1,5 l Wasser über 12 Std. einweichen. Abpassieren, Kichererbsen in Olivenöl anschwitzen und mit der Geflügelbrühe auffüllen, bei mittlerer Hitze zugedeckt über mehrere Stunden weich kochen. Gelegentlich mit der Brühe oder dem Einlegwasser auffüllen. Nachdem die Kichererbsen weich geworden sind, mit einem Mixer zu einem Püree mixen. Mit der Sesampaste, dem restlichen Olivenöl und dem Knoblauch ca. 5 Min. zu einem feinen Püree mixen. Das Ganze abschmecken.

Sesamschaum: Schalotten in Würfel schneiden und anschwitzen. Lauch in feine Streifen schneiden und zu den Schalotten geben. Das Ganze mit Sojasauce ablöschen und reduzieren lassen. Den weißen Sesam dazugeben und mit dem Fischfond auffüllen, langsam bis zur Hälfte runterreduzieren. Die Sojamilch hinzugeben und wieder bis zur Hälfte runterreduzieren. Mit der Sesampaste, Salz, Pfeffer abschmecken und nach Bedarf mit etwas Butter aufmontieren.

Thunfisch: Den Thunfisch von vertrauenswürdigen Fischhändlern (Sashimi Qualität) besorgen und in gleich große Stücke schneiden. Kurz in einer heißen Pfanne von beiden Seiten anbraten. Den Pack Choi waschen und in heißem Öl kurz anschwitzen. Mit etwas Sojasauce ablöschen und mit Zucker und Pfeffer abschmecken.

WEINBEGLEITUNG

Spätburgunder Blanc de Noir

PISTAZIENMOUSSE VON WEIßER SCHOKOLADE
MIT BLÄTTERTEIG UND HIMBEEREN

DESSERT

Pistazienmousse: 350 g weiße Schokolade, 4 Eigelb, 120 g Zucker, 550 g geschlagene Sahne, 2 Tl Pistazienpaste (Reformhaus), 1 Prise Salz, 5 Blatt Gelatine. Himbeergelee: 500 g TK Himbeeren, 150 g Zucker, 3 cl Himbeergeist, 3 Blatt Gelatine. Blätterteig: 500 g handelsübliche Blätterteigplatten, 1 Eigelb, 20 g Zucker. 250 g frische Himbeeren zur Garnitur

REZEPT FÜR 4 PERSONEN

Pistazien-Schokoladenmousse: Die Schokolade in einer Schüssel über kochendem Wasser flüssig werden lassen. Die Eigelb mit dem Zucker warm aufschlagen. Die Gelatine mit 50 g der geschlagenen Sahne auflösen, bei geringer Hitze und unt das Eigelb heben. Die Eigelbmasse mit der Schokolade und der Pistazienpaste mischen, mit einem großen Schneebesen gut verrühren, dann nach und nach die geschlagene Sahne dazugeben. Das Ganze über 12 Std. im Kühlschrank durchkühlen lasser Himbeergelee: Den Zucker in etwas Wasser zu hellem Karamell kochen und dann mit den Himbeeren auffüllen. Zum Schluss den Himbeergeist hinzufügen und mit einem Küchenmixer die Masse fein pürieren. Danach durch ein Küchensieb passieren. Die fertige Masse mit der Gelatine mischen und auf einem Backblech ausgießen, um es 12 Std. durchkühlen zu lassen, kleine Vierecke ausschneiden. Diese später auf dem Teller anrichten. Blätterteig: Den Blätterteig auftauen, mit Eigelb und Zucker bepinseln. In Streifen schneiden und nach Gebrauchsanleitung backer Anrichten: Begonnen wird mit einem Blätterteigstreifen. Die Mousse in einen Spritzbeutel geben und darauf verteilen, danach die Himbeeren abwechselnd mit der Mousse aufbringen, anschließend mit einem weiteren Teigstreifen abschließen. Ausgarnieren.

WEINBEGLEITUNG

Johannesberger Hölle Riesling Spätlese

Eine innovative Idee des Weingutes ist seit kurzem die Rebstockpacht. Weinliebhaber können, sind sie Rieslingfans, einen Stock in der Parzelle Steinhaus/Johannisberger Hölle pachten. Sind sie Anhänger der Pinot Noir Traube werden sie im Winkeler Dachsberg fündig. Die Pächter können den mit ihrem Namen gekennzeichneten Stock jederzeit besuchen. Die Mitarbeit bei der Lese ist natürlich Ehrensache. Pro Stock erhält der Pächter dann eine Flasche des gelesenen Weines.

Seit jenem Abend gibt es zwei neu gepachtete Rebstöcke. Sie heißen Beate und Birgit. Wir werden garantiert ihr Wachstum beobachten. Unser Krönchen für einen unvergesslichen Abend.

...NGUT & GUTSAUSSCHANK TRENZ
...ULSTRASSE 1 + 3
...6 JOHANNISBERG
...06722 75063-0
...@WEINGUT-TRENZ.DE
...w@WEINGUT-TRENZ.DE

NEUGEBAUER

HOTEL & RESTAURANT

Was gibt es Schöneres, als durch den Wald zu laufen.

Die Natur legt je nach Jahreszeit ein abwechslungsreiches Programm auf.
Heute gab es für mich: „Wald durchwebt von grünlich, leicht herbstlich schimmernden Lichtern,
in denen Waldstäubchen tanzen." Wo hatte ich das nur gelesen?

Meine Füße raschelten in den Blättern, die den Waldweg schon reichlich bedeckten.
Dennoch hatte ich auch heute wieder ein Ziel:
das Hotel Restaurant Neugebauer, oberhalb von Johannisberg,
versteckt auf einer Lichtung mitten im Wald.

Bei meiner Ankunft sah ich das Gebäude, das sich wunderbar in die Umgebung einfügt, den liebevoll gepflegten Kräutergarten mit dem Riesenliebstöckel, die großzügige Terrasse und den lauschigen Wintergarten.

Als ich eintrat, wurde ich herzlich begrüßt. Da es trocken war und die Herbstsonne noch wärmte, setzte ich mich auf die Terrasse und studierte die Speisekarte. Und wie das bei mir nun mal so ist, kam der Appetit auf ein leckeres, saisonales Essen und auf ein angenehmes, informatives Gespräch. Meine Wünsche gingen in Erfüllung.

Die Familie Neugebauer leitet dieses Haus schon seit vier Generationen und sie leben und lieben das, was sie tun. Die Begeisterung ist ihnen ins Gesicht geschrieben.

Während meines Aufenthaltes dort beobachtete ich fasziniert eine blonde junge Frau,
welche ruck zuck frisch gestärkte Servietten zu Kunstwerken formte. Als ich bat
sie fotografieren zu dürfen, setzte sie ihr schönstes Lächeln auf und posierte.
Wir mussten herzlich lachen, erst recht, als ihr Chef meinte:

„Melanie, ich habe heute leider kein Foto für dich!"

Diese lockere, entspannte Stimmung nahm ich in der Gewissheit mit,
nochmals wiederzukommen. Zu welcher Jahres- und Tageszeit auch immer,
denn ich wusste, hier bin ich jederzeit willkommen.

„EINE VIELSEITIGE KÜCHE IN ERHOLSAMER NATUR. DAS MACHT ES AUS."

Markus Neugebauer, Inhaber & Chefkoch

In der Küche werden nur Rohstoffe verwendet, die ausnahmslos hochwertig sind.
Markus und Simon Neugebauer wissen, wo die Tiere gelebt haben, die sie dem Gast anbieten.
Ich behaupte fest, dass ich die Freude, die der Koch oder die Köchin beim Zubereiten hatte, im Essen schmecke.

Es ging mir jedenfalls nach dem Genuss der Speisen hervorragend.

RIESENGARNELEN
AUF APRIKOSEN-TOMATEN-CHUTNEY

VORSPEISE

Basilikum-Sorbet: 140 g Zucker, 50 g Glucose, 100 ml Sahne, 2 Blatt Gelatine, 300 ml Wasser, Saft einer ganzen Zitrone, 1 dicker Bund frisches Basilikum

Chutney: 100 g geschälte, fein gehackte Schalotten, 1 El Butter, 2 El Apfelessig, 100 ml trockener Riesling, 500 g gewürfelte, getrocknete Aprikosen, 60 g getrocknete Tomaten, 500 ml heißes, nicht mehr kochendes Wasser, 1 kleine rote Chili, 1 Tl Meersalz, 1 El geriebener Ingwer, evtl. schwarzer Pfeffer, Pfeffer aus der Mühle, 1 Tl guter Curry, 1 gehäufter Tl Maisstärke

Garnelen: 18 Riesengarnelen, etwas Olivenöl, 1 Knoblauchzehe, 50 g Schalottenwürfel, Salz, Shiso-Kresse

REZEPT FÜR 6 PERSONEN

Sorbet: Gelatine in kaltem Wasser einweichen. 200 ml von dem Wasser abnehmen und mit Sahne, Glucose und Zucker aufkochen. Zitronensaft und Gelatine hinzugeben und abkühlen lassen. Das Basilikum in feine Streifen schneiden und mit dem restlichen Wasser pürieren. Nun das Basilikum und die kalte Zuckermasse mischen und in eine flache Metallschüssel geben. In den Tiefkühler stellen und alle 20 Minuten mit dem Schneebesen umrühren bis eine cremige Eismasse entsteht.

Chutney: Die getrockneten Tomaten klein schneiden und mit den Aprikosenwürfeln zusammen in heißem Wasser 2 Stunden quellen lassen, dann das Wasser auspressen. Schalotten in Butter anschwitzen und klein geschnittene Chili sowie die Aprikosen-Tomatenmischung dazugeben und anbraten. Mit Riesling und Apfelessig ablöschen und die restlichen Zutaten bis auf die Maisstärke hinzugeben. Das Ganze 30 Minuten köcheln lassen und bei Bedarf mit Maisstärke nachbinden. Die Konsistenz soll einer festen Marmelade gleichen. In Gläser füllen und abkühlen lassen.

Garnelen: Den Garnelen den Kopf entfernen und in erhitztem Olivenöl anbraten. Dann die Hitze reduzieren, Schalotten und Knoblauch hinzufügen, salzen und fertig braten. Wenn die Garnelen noch etwas glasig sind, aus der Pfanne nehmen und schälen. Nun das Aprikosen-Chutney in Streifen auf eine Platte geben und 3 Garnelen darauf jeweils mit dem Bratenfond übergießen und mit Kresse, einer Nocke und dem Basilikum-Sorbet garnieren.

WEINBEGLEITUNG

Classic Riesling trocken, Weingut Martin Klein Johannisberg

Es ist nicht nur der Duft, der meine Nase umweht. Selbst die Fleischtürmchen recken sich meinem Mund entgegen. Lecker!

HIRSCHROULADE MIT RHEINGAUER „KAPPES"
UND KARTOFFELPLÄTZCHEN

HAUPTSPEISE

1,2 kg Oberschale aus der Hirschkeule, 400 g gemischte frische Pilze, 2 Schalotten, 1 Knoblauchzehe, 200 g fettes Schweinefleisch, 100 g Dörrfleisch, fein gewürfelt, 1 Tl grüne eingelegte Pfefferkörner, 100 g Karotten, 100 g Senfgurken, 50 g frische gehackte Petersilie, schwarzer, Pfeffer gemahlen, Salz, 2 El Senf, nicht so scharf

Für die Sauce: 1 kl. Zwiebel, 1 Karotte in Würfel, ¼ Knollensellerie in Würfel, ½ Stange Lauch in Würfel, 250 ml kräftiger Rotwein, 600 ml Wildfond, 5 Wacholderbeeren, 2 Lorbeerblätter, 2 Nelken, 3 Pimentkörner, 10 Pfefferkörner schwarz, 2 El kalte Butter, Mondamin für die dunkle Sauce

„Kappes" Weißkohl Gemüse: 1 kl. Spitzkohl, 1 kl. Zwiebel in feinen Streifen, 2 säuerliche Äpfel, geschält, in feinen Streifen, El Butterschmalz, 250 ml trockener Riesling, 250 ml Brühe, Weißweinessig, 1 große mehlig kochende Kartoffel, geschält

Kartoffelplätzchen: 500 g Kartoffeln (mehlig), 2 Eier, etwas Mehl, 1 Schalotte, 100 g gekochten Schinken, 3 Stängel glatte Petersilie, abgezupft und fein gehackt, Salz, Muskatnuss gerieben

REZEPT FÜR 6 PERSONEN

Den „Deckel" von der Hirschoberschale herunterschneiden und die Spitzen abschneiden, sodass ein rundes Stück entsteht. Nun quer zur Faser sechs gleichmäßige Schmetterlingsscheiben schneiden. Der zweite Schnitt durchtrennt das Fleisch dabei nicht ganz, der dritte schneidet die Scheibe ab. Die Scheiben dann zwischen Klarsichtfolie flach klopfen.

Die Oberschale und das Schweinefleisch durch den Fleischwolf drehen. Zum Hackfleisch eine Schalotte würfeln sowie salzen und pfeffern. Dann zusammen mit Petersilie, Kartoffelwürfeln und der Senfgurke durchkneten. Die Dörrfleischwürfel und Streifen von der zweiten Schalotte anbraten und bei Seite stellen. Die Hirschscheiben mit Salz und Pfeffer würzen und mit Senf sowie der Speck-Schalotten-Mischung bestreichen. Das Hack auf einem Ende auftragen und straff zusammenrollen. Die Ränder mit Zahnstochern zusammenhalten. In einem Bräter die Rouladen mit Butterschmalz von allen Seiten anbraten und dann herausnehmen. In dem Bratensatz das gewürfelte Rostgemüse scharf anbraten und die Gewürze hinzugeben. Mit Rotwein ablöschen, mit Wildfond auffüllen und die Rouladen dazugeben. Mit Deckel 1-1,5 Stunden schmoren lassen.

Weißkohl putzen und in kleine Rauten schneiden. Butterschmalz erhitzen, Zwiebel glasig dünsten, Apfelstreifen und Kohl hinzugeben und alles etwas anbraten. Mit Riesling ablöschen, Salz, Zucker und Pfeffer nach Geschmack hinzugeben und mit Deckel dünsten lassen. Zwischendurch Brühe hinzugeben. Wenn das Kraut noch bissfest ist, Kartoffeln fein reiben und zugeben. Ständig rühren und bei Bedarf noch etwas Brühe zugeben. Nach Geschmack mit Essig säuern. Pellkartoffeln kochen, schälen und durch ein Sieb passieren. Eier zugeben und zügig unterrühren. Mit Muskat, Salz und Pfeffer würzen. Dann mit etwas Mehl einen geschmeidigen Teig entstehen lassen. Gekochten Schinken und Schalotten in einer Pfanne dünsten und mit der Petersilie zu dem Kartoffelteig geben. Den Teig zu kleinen Talern formen und mit Butterschmalz in einer Pfanne backen.

Nach 1,5 Stunden die Rouladen mit einer Nadelprobe prüfen, aus dem Sud nehmen und warm stellen. Den Sud passieren und etwas einkochen lassen. Nach und nach kalte Butter hinzugeben. Mit Salz und Pfeffer abschmecken und mit etwas Mondamin binden. Mit etwas Butterschmalz die gewürfelten Pilze sowie Knoblauch in einer Pfanne gar braten und mit Salz und Pfeffer würzen. Das Kraut auf die Mitte eines Tellers geben, Rouladen halbieren und darauf setzen. Das Ganze mit Sauce und den Pilzen übergießen und die Kartoffelplätzchen extra reichen.

WEINBEGLEITUNG

Schat-O-Marie Spätburgunder Rotwein Weingut Schmari-Mühle
oder ein kräftiger Pinot Noir Weingut Chat Sauvage Johannisberg

Herzlichen Dank für die freundliche Bewirtung.
Wir sind alle auf unsere Kosten gekommen.

BEEREN-GATEAUX

DESSERT

Keksboden: 200 g Butterkekse, 100 g weiche Butter. Ganache: 200 g flüssige Sahne, 200 g dunkle Kuvertüre

Bayrische Creme: 250 ml Milch, 120 g Zucker, 3 Eigelb, 1 Vanilleschote, 250 g geschlagene Sahne, 4 Blatt Gelatine

Erdbeer-Gelee: 250 g frische Erdbeeren, 100 g Erdbeermarmelade, Zitronensaft, 3 Blatt Gelatine

Frische Beeren der Saison

REZEPT FÜR 6 PERSONEN

Für den Keksboden die Butterkekse zerbröseln und mit weicher Butter verkneten. Die Masse in Förmchen geben.
Für die Ganache die Kuvertüre fein hacken, die Sahne aufkochen, vom Herd nehmen und etwas stehen lassen,
um dann die gehackte Kuvertüre hinzuzugeben. So lange rühren bis eine glänzende Schokoladencreme entsteht. Dann mit
einem Pürierstab die Masse glatt und fein rühren. Die Ganache dann auf den Keksboden verteilen und die Formen kühl stellen.

Für die Bayrische Creme die Milch mit etwas Zucker (1 TL) und der ausgekratzten Vanilleschote bei milder Hitze unterrühren
und langsam zum Kochen bringen. Die Gelatine in kaltem Wasser einweichen und den Zucker mit dem Eigelb schaumig schlagen.
Nun die heiße Vanillemilch unter dauerndem Rühren in die Ei-Zuckermasse geben. Nun so lange erhitzen bis die Ei-Milchmasse
cremig bindet. Vom Herd nehmen, die ausgedrückte Gelatine unterrühren und durch ein Sieb in eine Schüssel geben und abkühlen
lassen. Geschlagene, kalte Sahne unterheben und sofort auf die Formen verteilen. Alles noch einmal 4 Stunden kühlen lassen.

Erdbeeren mit Erdbeermarmelade aufkochen und Gelatine in kaltem Wasser einweichen. Beides zusammengeben und pürieren.
Das Erdbeergelee abgekühlt über die Törtchen streichen. Wieder gut kühlen und nach 2 Stunden aus der Form
nehmen und mit Beeren der Saison garnieren.

WEINBEGLEITUNG

Johnnisberger Goldatzel Riesling Auslese Weingut St. Nicolaus Johannisberg

"ASSEN SIE SICH EINFACH
VON UNS UMSORGEN"

Simon Neugerbaucher, Koch

'EL HAUS NEUGEBAUER GMBH
JS NEUGEBAUER 1
66 GEISENHEIM
06722 96050
D@HOTEL-NEUGEBAUER.DE
N. HOTEL-NEUGEBAUER.DE

KLOSTER EBERBACH

Der Anblick war grandios, majestätisch. Da lag sie, die Zisterzienserabtei Kloster Eberbach. Ich war überwältigt, als ich aus dem Wald trat und den ersten Blick auf das Kloster warf.

Ich ging weiter entlang der Ringmauer, die das Kloster umschließt, auf der Suche nach der Pforte. Dort öffnete sich das Gelände und gab die wirkliche Größe der Anlage frei, jetzt ließ sich auch erahnen, aus wie vielen Gebäuden das Kloster besteht. Beeindruckt von der Erhabenheit, der Stille ging ich hinein.

STERZIENSERMÖNCHE WAREN NICHT NUR FÜR IHRE PIONIERARBEIT IN DER ARCHITEKTUR UND IM LANDESAUSBAU BEKANNT, ONDERN AUCH FÜR IHRE FORTSCHRITTLICHEN ARBEITEN ALS GARTENBAUMEISTER.

Ehrfurcht und Andacht machten sich breit,
als ich in der Basilika stand.

Der romanische und frühgotische Baustil setzte
sich auch im Kreuzgang und Mönchsdormitorium fort.

*„Im zweiten Jahr
hintereinander hat der
Bruder Kellermeister
trotz gesegneter
Weinernte Verlust
erwirtschaftet.
Unser weiser Abt Richwin
hat mir nun die Führung
der Bücher übertragen.
Das gab natürlich
Gemurre unter den
geweihten Mönchen.
Allein der Kellermeister
hat mir (bei einem
Schoppen Wein)
zugeflüstert, er sei froh
darüber.
Er hat mir das
Versprechen abge-
nommen, sein letztes
Vorhaben zu Ende zu
bringen:
Ein gewaltiges Fass zu
bauen, das 74 Fuder Wein
fasst - die ganze Ernte
eines Jahres."*
*(Auszug aus der Klosterschänke-
Speisekarte)*

Ich setzte mich auf einen Sims und hörte plötzlich einen Choral, viele Stimmen erhoben sich, hüllten mich ein.
Eine Prozession schwarz gekleideter Mönche zog an mir vorbei, die Gesichter streng, die Hände gefaltet. Ich ging weiter
in einen Hof und beobachtete ein Pferdegespann, voll beladen mit Fässern, und ein Gewusel von vielen Gestalten.
Der Geruch war irgendwie streng. Ein aufkommender Nebel ließ mich frösteln, ein lauter Schrei mich
erschaudern. Ich schüttelte mich und sah ein paar Sonnenstrahlen, die die Säulen des Kreuzganges erhellten.

Frieden und Ruhe, keine Menschen weit und breit. Jetzt hatte ich mich doch glatt in den Dreharbeiten zum Film:
„Im Namen der Rose" wiedergefunden. Das waren bestimmt Hunger und Durst, die mich nach der langen
Wanderung fantasieren ließen.

Also machte ich mich auf den Weg in die Klosterschänke.

Sie ist mit großen Holztischen und geraden Stühlen möbliert und spiegelt den Klostercharakter wider.
(Die Mädels vom Service waren adrett, dem Ambiente angepasst, gekleidet und ganz locker,
als ich mich bemühte, meine Wanderschuhe vom Herbstlaub zu befreien.)
Die Speisekarte hatte klösterliche Elemente, das Essen rustikal und traditionell aus der Region.

Was mich aber amüsierte, waren die Geschichten von Bruder Armenius in der Speisekarte.
Kurzweilig erzählt, verkürzten sie die Wartezeit auf das Essen. Und das hatte es in sich.
Ich habe keine Angst vor Fleisch. Im Gegenteil: Wenn ich weiß, dass die Tiere ein gutes Leben hatten,
kann ich es auch genießen. Und das tat ich. Alle Halluzinationen waren wie weggeblasen.
Beim nächsten Besuch werde ich die riesigen Weingewölbe besichtigen und falls ich dann wieder
einen singenden Mönch erblicke, weiß ich genau, wie ich diese Halluzinationen
verschwinden lasse: bei einer deftigen Mahlzeit.

„An den Osterfeiertagen kam hoher Besuch in unsere Abtei: Der Fürstbischof von Mainz. Wir haben ihn und sein Gefolge reich bewirtet (ich habe es eigenhändig in die Annalen verzeichnet): 120 Brote, eine Kuh, 3 Schweine, 6 Kapaunen, 10 Hennen, 4 Gänse, 2 Pfund exotische Gewürze und 2 Fass unseres besten Weines. Ich weiß nicht, ob unser Ordensgründer solche Völlerei gut geheißen hätte. Aber ich bin sicher, dass die Brosamen, die für die Armen abfielen, unserem Herrn gefallen haben."
(Auszug aus der Klosterschänke-Speisekarte)

„GUT BÜRGERLICHE KÜCHE
AUS REGIONALEN PRODUKTEN IM EINKLANG
MIT DEN JAHRESZEITEN ZUBEREITET."

Wolfgang Klein, Küchenchef
& Radoslav Kysela, Sous Chef

FELDSALAT UND GEBRATENE STEINPILZE
MIT CHILI UND KNOBLAUCH

VORSPEISE

400 g Feldsalat gut gewaschen, 400 g Steinpilze, 3 El weißer Balsamico Essig,
3 El kalt gepresstes Olivenöl, 2 Zehen Knoblauch fein gewürfelt, 4 El Sonnenblumenöl,
1 kleine Chilischote fein gewürfelt, Blattpetersilie fein geschnitten,
Salz, Pfeffer, Kümmel gemahlen

REZEPT FÜR 4 PERSONEN

Die Steinpilze putzen (Stiele schälen) und in grobe Würfel schneiden. In einer großen Pfanne Öl sehr stark erhitzen
und die Pilzwürfel darin braun braten. Chili und Knoblauch hinzugeben und ebenfalls anbraten.
Mit Salz, Pfeffer und etwas gemahlenem Kümmel abschmecken. Die fein geschnittene Petersilie hinzugeben,
und die Steinpilze über den bereits mit Balsamico und Olivenöl angemachten Feldsalat geben.

Den Salat mit einem ofenfrischen Zwiebelbaguette servieren.

WEINBEGLEITUNG

Heppenheimer Centgericht Grauer Burgunder trocken

„WENN DIE GÄSTE ZUFRIEDEN SIND,
BIN ICH ES AUCH"

Jakob Knaze, Koch

Die Firma Bayer betreibt den letzten verbliebenen Schlachthof in den Regionen Rhein-Lahn,
Rheingau-Taunus, Westerwald und Limburg bis einschließlich des Rhein-Main-Gebietes.
Das von der Familie Bayer mittlerweile in der vierten Generation geführte Unternehmen bietet von
der Schlachtung bis zur Wurst- und Schinkenproduktion alles unter einem Dach.

In Niederwallmenach steht inzwischen ein hoch moderner Betrieb mit höchsten
Anforderungen an Hygiene und Technik, die nach wie vor mit handwerklicher Tradition
in Einklang gebracht werden, um eine erstklassige Qualität herzustellen.

EBERBACHER WEINFLEISCH

HAUPTSPEISE

1 kg Schweinenacken ohne Knochen, 2 Zwiebeln, 2 Karotten, ½ Knolle Sellerie, 0,5 l Riesling trocken, 2 El Tomatenmark, 1 l Fleischbrühe, 0,25 l Sahne, 5 Gewürznelken, 4 Lorbeerblätter, Salz und Pfeffer

REZEPT FÜR 4 PERSONEN

Das Fleisch in 2 cm große Würfel schneiden, kräftig mit Salz und Pfeffer würzen und in einem gusseisernen Bräter scharf anbraten. Das Fleisch herausnehmen. Zwiebeln, Sellerie und Karotten ebenfalls in grobe Würfel schneiden und im Bräter braun rösten. Tomatenmark dazugeben und mit dem Riesling 3–4 mal ablöschen, sodass ein dunkler Bratensatz entsteht.

Das Fleisch zum Gemüse geben und mit der Fleischbrühe bedecken. Nelken und Lorbeer dazugeben und knapp über dem Siedepunkt für ca. 1,5 Stunden garen. Sind die Fleischstücke schön weich, werden Sie herausgeholt.

Das Gemüse mit der Sauce pürieren, mit der Sahne verfeinern und auf das Fleisch passieren. Ein Klecks Schlagsahne und feine Schnittlauchröllchen obendrauf und servieren. Als Beilage zum Weinfleisch empfehle ich hausgemachte Kartoffelklöße mit Butterschmelze.

WEINBEGLEITUNG

Erbacher Marcobrunn Riesling Erstes Gewächs

ROTWEINBIRNE
MIT KARAMELLEIS

DESSERT

4 Williamsbirnen, 60 g Kristallzucker, 1 Stück unbehandelte Zitronenschale, 0,4 l Rotwein, 0,1 l Crème de Cassis, 2 Zimtstangen, 1 Vanilleschote, 2 Gewürznelken, 1 Sternanis, 20 g Kartoffelstärke, 3 Pfefferkörner

Karamelleis: 0,2 l Milch, 0,2 l Sahne, 3 Eigelb, 50 g Kristallzucker, 1 Vanilleschote

Garnitur: 0,2 l Sahne, 50 g Mandelsplitter

REZEPT FÜR 4 PERSONEN

Rotweinbirne: Birnen schälen und von unten aushöhlen. Rotwein und Crème de Cassis mit Gewürznelken, Zimtrinde, Sternanis, Pfefferkörnern, Zitronenschale, Vanilleschote und Zucker zum Kochen bringen. Darin die Birnen pochieren. Den Sud mit Kartoffelstärke abziehen (leicht binden) und die Birnen darin abkühlen lassen.

Karamelleis: Zucker karamellisieren und mit Milch und Sahne aufgießen. Vanilleschote hinzugeben und aufkochen. Eidotter in eine Edelstahlschüssel geben und die heiße Masse unterrühren = Eisgrundmasse. Die Eisgrundmasse in einer herkömmlichen Eismaschine gefrieren.

Die Birne auf einem Teller fächerförmig anrichten und mit dem erkalteten Sud nappieren.
1 Kugel vom Karamelleis abstechen und an die Birne legen.
Mit etwas geschlagener Sahne und gerösteten Mandelsplittern garnieren.

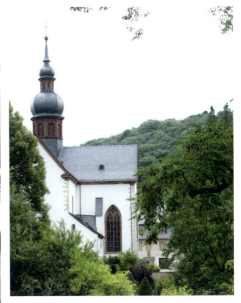

Das Weingut des Klosters Eberbach, 1136 vom heiligen Bernhard von Clairvaux gegründet, hat mit unermüdlichem Qualitätsstreben Weingeschichte geschrieben. Dies ließ es bereits vor vielen Jahrhunderten zum größten deutschen Weingut werden.

KLOSTER EBERBACH
46 ELTVILLE IM RHEINGAU
06723 993-0
@KLOSTEREBERBACH.COM
W. KLOSTER-EBERBACH.DE

WEINHAUS „ZUM KRUG"

RESTAURANT HOTEL WEINGUT

Mitten im Herzen des kleinen geschichtsträchtigen Ortes Hattenheim steht das Weinhaus „Zum Krug". Im Jahre 1720 erbaut, wird es in der 3. Generation von der Familie Laufer geführt. Seit kurzem gehört auch das nebenan gelegene 1719 errichtete Rathaus dazu, liebevoll restauriert und umgebaut.

Wanderfreunde hatten mir das traditionelle Weinhaus wärmstens ans Herz gelegt.
Ich machte mich also auf den Weg und nach einer Straßenbiegung stand ich plötzlich davor.
Ein ehrwürdiges Fachwerkhaus mit den für mich persönlich schönsten bemalten Fassaden des Rheingaus.
ging einige Schritte zurück, um das gesamte Ensemble nochmals auf mich wirken zu lassen und hatte das Gefühl,
dass dieses Haus hier schon immer gestanden hat, was ja auch stimmt.

Es war Mittagszeit und ich konnte beobachten, dass immer mehr Gäste die Weinstube betraten, wahrscheinlich
angezogen vom feinen Duft der Küche, der aus dem geöffneten Fenster zu mir herüberwehte.

„Ist das gemütlich", waren meine ersten Gedanken, als auch ich die Räume betrat.
Im Gespräch mit Gastgeber und Küchenchef Josef Laufer jun. erfuhr ich,
dass der Familie die Tradition und das Bewahren dieses Kleinods am Herzen liegen.

„Wie alles sich zum Ganzen webt.
Eines in dem anderen wirkt und lebt."
Goethe

Ja. Recht hat er, der alte Goethe. Nichts steht für sich allein, das eine wirkt im anderen,
und nur, wenn wir den Dingen ihre Zeit geben, sich entwicklen zu könnnen,
werden sie sich in ihrer ganzen Pracht entfalten. Alles braucht seine Zeit,
um wachsen zu können. (Auszug Speisekarte „Zum Krug")

HANDKÄSE KÄSEKUCHEN MIT SENFKORN-SAUERKIRSCHEN UND EICHBLATTSALAT IN MEERRETICH-SENFDRESSING

VORSPEISE

Käsekuchen: 125 g weiche Butter, 100 g geröstete Pinienkerne, 150 g Mehl, 20 g Zucker, 1 Eigelb, 1 Prise Salz, 1 Msp. gemahlener Kreuzkümmel, Linsen zum Blindbacken, 125 ml Weißwein, 125 ml Sahne, 30 g Speisestärke, 2 Eier, 250 g Handkäse (nicht gereift), 250 g Quark, Salz und Pfeffer aus der Mühle

Senfkorn-Sauerkirschen: 1 El Senfkörner, 350 ml Rotwein, 80 g Zucker, 1 Zimtstange, 1 Sternanis, 1 Msp. gemahlene Wacholderbeeren, 1 Tl Senf, 100 g getrocknete Sauerkirschen

Eichblattsalat: 1 Eichblattsalat, 2 Eschalotten, 60 g frisch geriebenen Meerrettich, 2 Lorbeerblätter, 4 Zweige Thymian, 200 ml Geflügelbrühe, 1 El mittelscharfen Senf, 1 El grobkörnigen Senf, 80 ml Sonnenblumenöl, 30 ml Apfelessig, Salz und Pfeffer aus der Mühle

REZEPT FÜR 4 PERSONEN

Käsekuchen: Die fein gehackten Pinienkerne und alle Zutaten zu einem glatten Teig verkneten und für mind. 2 Std. kalt stellen. Jetzt den Teig auf einer mehlierten Arbeitsfläche dünn ausrollen, rund ausstechen und in zuvor ausgebutterte Förmchen legen. Nun ebenfalls rund ausgeschnittenes Backpapier auf den Teig in den Förmchen geben gut andrücken und mit rohen getrockneten Linsen ausfüllen. Bei 200°C ca. 8-10 Minuten hellbraun blindbacken und anschließend auskühlen lassen. Weißwein, Sahne, Speisestärke und Eier gut miteinander verquirlen, den grob geriebenen Handkäse zugeben. Nun den Quark unterheben und mit Salz und Pfeffer leicht würzen. Die Masse in die blindgebackenen Kuchenböden gießen und dann im Backofen bei 160°C für ca. 20-25 Minuten backen. Herausnehmen, kurz auskühlen lassen, aus der Form nehmen und servieren.

Senfkorn-Sauerkirschen: Die Senfkörner in einem Gefäß mit 150 ml Rotwein für mind. 6 Std. einweichen. Zucker in einem Topf nur he karamellisieren lassen, Gewürze zugeben, mit dem restlichen Rotwein ablöschen. Diese Mischung um ca. die Hälfte langsam einköcheln las Jetzt Anis und Zimtstangen herausnehmen und mit einem Mixstab den Senf einarbeiten. Die getrockneten Sauerkirschen in den no warmen Sud geben, einmal aufkochen lassen, dann die eingeweichten Senfkörner zugeben und langsam auskühlen lassen.

Eichblattsalat: Den Eichblattsalat putzen und gut waschen, anschließend trocken schleudern und kalt stellen. Für das Dressing die geschälten Eschalotten in feine Würfel schneiden und in etwas Sonnenblumenöl glasig anschwitzen. Nun de Meerrettich, Lorbeerblätter und die Thymianzweige zugeben, kurz mitschwitzen lassen und mit der Brühe auffüllen. Diese nun auf die Hälfte einkochen lassen. Nun Lorbeerblätter und Thymianzweige aus der Brühe nehmen, die noch heiße Flüssig unter ständigem Rühren auf die beiden Senfsorten gießen. Dann sofort das Sonnenblumenöl nach und nach unterrühren, sodass eine Emulsion entsteht. Zum Schluss noch mit Essig, Salz und Pfeffer abschmecken.

WEINBEGLEITUNG

Hattenheimer Schützenhaus Riesling Qualitätswein feinherb, Weinhaus „Zum Krug" in Hattenheim

Beim Besuch in der Küche war eine ganz besondere Atmosphäre zu spüren.
Zwölf Hände zählte ich, die in der überschaubaren Küche Hand in Hand arbeiteten,
effizient, sorgfältig und ausgesprochen gut gelaunt.
Ich fühlte mich wie in einer Kombüse.

Und dieser Essensduft! Wie aus Mutters Zeiten. Richtig lecker.
Das war das Wohlgefühl aus Kindertagen.

WEINHAUS „ZUM KRUG", Hattenheim

Bodenständige, fantasievolle Küche, kombiniert mit dem richtigen Tropfen aus dem Kellerparadies, heißt Tradition bewusst wahren und Modernes behutsam einsetzen.

Um noch mehr von der Tradition des Weinhauses zu erfahren, stieg ich mit Josef Laufer die steile Stiege hinab in den Weinkeller.

Dort war ich plötzlich in einer anderen Welt. Zuerst war es dunkel und kühl, fast modrig. Als das Licht anging, fiel der warme Schein der Lampen auf den Schatz mehrerer Generationen. 250 Positionen Wein von vielen renommierten Weingütern, der Stolz und die Passion der Eigentümer. Staub ließ die Flaschen fast vergessen aussehen. Nur ein Trugschluss, denn Laufers wissen, wo jede einzelne Flasche steht. Hier ist das Paradies des Weinkenners.

„IM KRUG, DA WO GÄSTE FREUNDE SIND"

Josef Laufer, Küchenchef

Wichtig für Küchenchef Laufer ist es aber auch, diese Kontinuität und Einheit seines Teams über Jahre zu erhalten. Allerhand, wenn man bedenkt wie wechselfreudig unsere Gesellschaft doch geworden ist.

Es ist schön, dass du Jörg schon mittags geöffnet hat. So müssen wir nicht bis abends warten, um uns durch die Jörg'sche Küche zu futtern!

SAUERBRATEN VOM BIO-WEIDERIND

HAUPTSPEISE

Sauerbraten: 1 Stück falsches Filet vom Weiderind, ½ l Rotwein, 0,3 l Rotweinessig, 0,2 l Wasser, 1 kl. Gemüsezwiebel, 2 Nelken, 1 Tl Wacholderbeeren, 1 Tl Korianderkörner, 1 Tl weiße Pfefferkörner, 1 Tl Senfkörner, 2 Lorbeerblätter, 1 El Salz, 1 Karotte, 1 kl. Knollensellerie, ½ Stange Lauch, 1 Tl Tomatenmark, Butterschmalz

Lorbeerpüree: 1 kg Kartoffeln, 150 g Butter, 200 ml Milch, 6 frische Lorbeerblätter, Salz und Muskatnuss

Mandelkarotten: 1 kg Karotten, 2 Eschalotten, 100 g Butter, Salz und Muskatnuss, 2 El Honig, 100 g gehobelte Mandeln

Speckträubchen: 2 Hände voll kernloser Trauben, 3 Scheiben Frühstücksspeck, 1 El braunen Zucker, 0,1 l weißen Portwein, 0,2 l süßen Riesling, 1 Lorbeerblatt, Salz und Pfeffer aus der Mühle, etwas Stärke zum Binden

REZEPT FÜR 4 PERSONEN

Sauerbraten: Die fein gewürfelte Gemüsezwiebel mit den restlichen Zutaten in ein großes Gefäß geben und gut vermischen. Nun das falsche Rinderfilet zugeben, nochmals durchmischen und dann für mind. 48 – 62 Std. kalt stellen. Das falsche Filet trocken tupfen und in etwas Butterschmalz von allen Seiten gut anbraten und herausnehmen. Jetzt die Marinade durch ein Sieb gießen, zur Seite stellen, Gewürze und Zwiebel abtropfen lassen. Karotten, Sellerie und Lauch in grobe Stücke schneiden und in dem gleichen Topf wie das falsche Rinderfilet anbraten, nun die Gewürze aus der Marinade hinzugeben und kurz mitbraten lassen. Das Tomaten- mark zugeben und ebenfalls etwas anrösten, anschließend mit der Hälfte der Marinade ablöschen und einkochen lassen. Dann die restliche Marinade angießen, das Rinderfilet hinzugeben und mit Wasser oder Geflügelbrühe auffüllen bis das Fleisch gut bedeckt ist. In einem geschlossenen Topf im Backofen bei 170°C Ober-/Unterhitze für ca. 1-1,5 Std. schmoren. Das Fleisch herausnehmen und warm stellen, die Sauce durch ein feines Sieb passieren, einkochen lassen und bei Bedarf mit Kartoffelstärke binden.

Lorbeerpüree: Die geschälten Kartoffelviertel in Salzwasser kochen, abschütten und ausdampfen lassen. Milch und Butter in einem Topf erhitzen. Fein geschnittene Lorbeerblätter dazugeben und mit Salz und Muskatnuss würzen. Nun die Kartoffeln durch eine Presse in die heiße Lorbeermilch pressen und ständig gut verrühren.

Mandelkarotten: Die Eschalotten in halbe Ringe schneiden und dann in einem Topf mit der Butter glasig anschwitzen, die geschnittenen Karotten zugeben und mit Salz, Muskatnuss und Honig würzen. Nun die Karotten in einem geschlossenen Topf bei mittlerer Hitze weich garen. Die Mandeln in einer Pfanne ohne Fett im Backofen hellbraun rösten und kurz vor dem Servieren unter das Karottengemüse geben.

Speckträubchen: Speck mit etwas Butter auslassen, den braunen Zucker zugeben und leicht karamelisieren. Mit Portwein und Riesling auffüllen, Lorbeerblatt zugeben, um etwa die Hälfte reduzieren und die gewaschenen Träubchen zugeben. Salzen und Pfeffern.

WEINBEGLEITUNG

Rheingau Spätburgunder „Pinot Noir", Weingut August Kesseler in Assmannshausen

ASSMANNSHÄUSER GRAUBROTEIS
MIT GEBACKENER FEIGE & DÖRRPFLAUMENKOMPOTT

DESSERT

Assmannshäuser Graubroteis: 75 g getrocknetes Graubrot, 75 g Zucker, 50 g Butter, 5 Eigelb, 75 g Zucker, 300 g Sahne, 1 Vanilleschote, 400 g geschlagene Sahne, 100 ml Auslesewein

Gebackene Feigen: 4 reife Feigen (geschält), 125 g Mehl, 0,1 l Weißwein, 1 El Öl, 1 Tl Kakaopulver, 10 g Zucker, 1 Eigelb, 1 Eiweiß, 1 Prise Salz, Fett zum Ausbacken, Puderzucker zum Bestäuben

Kaffee-Kondensmilchsauce: 75 ml Milch, 75 ml Kondensmilch, 2 El Kaffeebohnen, 2 Eigelb, 50 g Zucker

Dörrpflaumenkompott: 100 g getrocknete Pflaumen, 2 El brauner Zucker, 0,1 l roter Portwein, 2 cl Zwetschgenwasser, 1 Msp. Zimtpulver

REZEPT FÜR 4 PERSONEN

Assmannshäuser Graubroteis: Das fein gemahlene Graubrot zusammen mit Butter und Zucker rösten und auskühlen lassen. Das B[...] nochmals fein mahlen. Die Sahne und die ausgekratzte Vanilleschote aufkochen. Gleichzeitig Eier und Zucker über einem Wasser[...] bad schaumig warm aufschlagen, die Sahne-Vanille Mischung zugeben und noch ca. 5 Min. weiterschlagen bis eine cremige Mass[...] entsteht. Dann in einem Eiswasserbad die Masse wieder kalt schlagen. Nun Brot und geschlagene Sahne sowie ganz zum Schluss d[...] Auslesewein vorsichtig unterheben. Die Eismasse in eine gewünschte Form gießen, und mind. 6 Std. im Tiefkühlfach gefrieren lass[...]

Gebackene Feigen: Das gesiebte Mehl und alle Zutaten ohne das Eiweiß kurz glatt rühren. Das kurz zuvor zu Schnee geschlagene Eiweiß vorsichtig unterheben. Die Feigen leicht mit etwas Mehl bestäuben, in den Ausbackteig geben, mit einem Holzspieß herausnehmen, danach direkt in das heiße Fett zum ausbacken geben. Wenn die Feigen goldbraun sind, herausnehmen, abtropfen lassen, mit Puderzucker bestäuben und sofort servieren.

Kondensmilchsauce: Milch, Kondensmilch und Kaffeebohnen erhitzen, ca. 30 Min. ziehen lassen und durch ein Sieb passieren. Eigelb und Zucker vermischen, die noch warme Kaffemilch dazugeben und gut verrühren. Nun vorsichtig erhitzen bis die Sauce[...] cremig bindet. Anschließend gleich aus der Kasserolle in eine kalte Schüssel passieren und abkühlen.

Dörrpflaumenkompott: Klein gewürfelte Pflaumen und Zucker hell karamellisieren lassen, mit Portwein und Zwetschgenwasser ablöschen und Zimtpulver zugeben. Wenn der Karamell sich komplett aufgelöst hat, die Dörrpflaumen zugeben, einmal gut durchkochen lassen, dann herausnehmen und leicht abkühlen lassen.

WEINBEGLEITUNG

Rüdesheimer Berg Schlossberg Riesling Spätlese vollmundig, Weingütern Wegeler in Oestrich-Winkel

"EIN GUTES DESSERT
PASST DOCH IMMER NOCH
IN DIE LÜCKEN"

Jason Sych, Koch

HAUS „ZUM KRUG"
PTSTRASSE 34
7 ELTVILLE - HATTENHEIM
06723 99680
@HOTEL-ZUM-KRUG.DE
.HOTEL-ZUM-KRUG.DE

RESTAURANT „JEAN"

Es war „usselich!" So sagt man in Westfalen, wenn die Kälte und Feuchtigkeit
eines Herbsttages so langsam durch die Kleidung kriecht.
Ich war mit Wanderschuhen und Rucksack in Eltville und Umgebung unterwegs.
Die Rosenstadt und Wahlheimat Gutenbergs, mit der schönen Altstadt und den
kleinen Geschäftchen, ist zu jeder Jahreszeit sehenswert.

Hotel Frankenbach
Café - Konditorei

Spätbiedermeierliches Wohnhaus,
1840 von Rechnungsrat Neumann aus
Mainz erbaut und zum Mainzer Hof
benannt. 1879 erhält Jacob Emmel
Konzession zum Betreiben des Hotel
Mainzer Hof. 1893 Bau des Festsaales
durch den Architekt Kahm aus Eltville.
Seit der Jahrhundertwende als
Bahnhofhotel geführt, kam es 1948 in den
Besitz der Familie Frankenbach aus
Mainz-Kastel. 1991 erfolgte die
Hotelerweiterung unter der Leitung des
Eltviller Architekten Siegfried Andrae.

Dieses künstlerische Kleinod stellt im ausschüttenden Füllhorn Rosen für die Stadt Eltville und Weintrauben für den Rheingau dar. Kombiniert mit einem kl. Baumkuchen steht es für Gastlichkeit. Geschaffen wurde es vom Kunstschmied Mützel aus Würzburg.

Doch irgendwann war es genug für mich, ich sehnte mich nach Wärme.
Auf dem Weg zum Bahnhof passierte ich eine schöne, gepflegte Hotelanlage und fand, mein Glück,
ein einladendes Café im traditionellen Stil.

DER KAFFEE WÄRMTE UND DIE ZAUBERHAFTE HIMBEERTORTE SCHMOLZ IN MEINEM MUND.

Meine Lebensgeister kehrten zurück und ich kam ins Gespräch.
Hotel, Café und Restaurant sind seit Bestehen in Familienbesitz,
jede Generation fühlt sich als Gastgeber und lebt die eigene Passion
unter einem gemeinsamen Dach aus.

STEINPILZ QUICHE
FELDSALAT MIT ROQUEFORTCREME

Quiche: 15 g Hefe, 100 ml warmes Wasser, 2 El Olivenöl, Zucker, Salz

Füllung: 400 g Steinpilze, 1 Zwiebel, 150 ml Schmand, 100 g Ziegenfrischkäse, 1 Ei, etwas Sahne, Salz, Pfeffer, Rosmarin, Thymian

Feldsalat mit Roquefortcreme: 250 g Feldsalat, 150 g Roquefort, 100 ml Schmand, 100 ml Joghurt, 1 El Cognac, 1 El Zitronensaft, Salz, Pfeffer

Trauben und Walnüsse zur Dekoration

REZEPT FÜR 4-6 PERSONEN

Quiche: Hefe in lauwarmem Wasser lösen. Das Mehl in eine Schüssel geben und eine Prise Zucker hinzugeben. Die aufgelöste Hefe und das Olivenöl unterrühren und alles zu einem Teig vermischen. Den Teig 40 Minuten gehen lassen.
Füllung: Ei, Schmand und Ziegenfrischkäse verrühren und mit Salz und Pfeffer abschmecken.
Die Steinpilze putzen und in Scheiben schneiden. Roquefortstückchen und Pilze zur Dekoration zurückhalten.
Die Zwiebel in dünne Ringe schneiden. Die Pilze und Zwiebelscheiben in Olivenöl anbraten und mit Salz und Pfeffer würzen.
Backofen auf 200°C vorheizen. Den ausgerollten Hefeteig in eine flache, gebutterte Backform einlegen und auskleiden.
Dann die Form mit der Schmandmasse und den Pilzen befüllen. Mit etwas gezupftem Thymian und Rosmarin bestreuen und die Quiche 20-30 Minuten goldbraun backen. Feldsalat putzen und mehrfach waschen. Alle anderen Zutaten für die Roquefortcreme in einen Mixer geben und pürieren. Das Dressing kurz vor dem Servieren über den Salat geben.

WEINBEGLEITUNG

„Pinot Noir, Burgund" oder eine „leichtere" Variante Chardonnay trocken, Provinz Languedoc

Ich besichtigte den riesigen, beeindruckenden Bankettsaal mit seinen hohen Decken und das heimelige, in Rottönen gehaltene Restaurant. Der Kachelofen verbreitete eine wohlige Wärme.

Auf meine Frage, warum das Restaurant und sein Chefkoch „Jean" genannt werden und nicht Johannes, erfuhr ich von der Liebe der Familie zu Frankreich. Die Ausbildung des Vaters zum Konditor in Paris machte den Anfang und viele Reisen der Familie durch Frankreich und speziell in die Bretagne festigten diese Leidenschaft über Jahrzehnte. „Frankophil gefüttert" fiel in dem Zusammenhang.

Als ich Johannes Frankenbach mit meiner Kamera in seine Küche folgte, durfte ich bei den Vorbereitungen zusehen. Ich erblickte das erste Mal in meinem Leben einen bretonischen Steinbutt von 5 1/2 Kilo. Nicht schlecht!

Während der Meister den Fisch fast chirurgisch filetierte, dabei aber ganz zart berührte, sah ich die Liebe zum Handwerk und zum Lebewesen. Auch das Zubereiten der Beilagen und das Anrichten des Tellers hatten etwas Behutsames.

Er erzählte von seiner komplexen Ausbildung in den besten Küchen in Perl / Luxemburg, Berlin und Aschau und der Chance, die er genutzt hatte, in Salzburg von berühmten Gastköchen zu lernen. Ein Glück für den Rheingau und Eltville, dass dieser sympathische Meister seines Fachs in seine Heimat zurückgefunden hat und diese Erfahrungen mitbringt.

Mögen bald viele Sterne über Eltville funkeln.

Johannes Frankenbach

„DER MENSCH IST, WAS ER ISST"

Johannes Frankenbach, Chefkoch

„Essen wie Gott in Frankreich, wir kommen wieder."

GEBRATENER STEINBUTT
PFIFFERLINGE, SCHWARZWURZELPÜREE, PORTWEINSCHALOTTEN, GNOCCHIS

HAUPTSPEISE

Steinbutt: Steinbutt im Ganzen, 1 Knoblauchzehe, 2 El Butter, Thymian, Salz, Pfeffer, 500 g Gnocchis

Schwarzwurzelpüree: 400 g Schwarzwurzeln, 2 Schalotten, 100 ml Geflügelbrühe,
150 ml Sahne, 1 Tl Butter, Salz, Muskatnuss

Pfifferlinge: 400 g Pfifferlinge, 2 Schalotten, Salz, Pfeffer, Schnittlauch

Portweinzwiebeln: 400 g Zwiebeln (in feine Streifen geschnitten), 2 El Zucker, 400 ml Rotwein, 200 ml Portwein

REZEPT FÜR 4-6 PERSONEN

Steinbutt filetieren, von der Haut lösen und in 160 g Stücke portionieren und würzen. Das Filetstück in einer Teflonpfanne auf der Karkassenseite goldgelb anbraten, dann wenden. Eine Minute auf der Hautseite braten.
In die heiße Pfanne 2 El Butter, einen Thymianzweig und ein zerdrücktes Stück Knoblauch geben.
Immer wieder den Fisch mit der heißen braunen Butter übergießen bis er gar ist.

Schwarzwurzelpüree: Klein geschnittene Schalotten mit geschälten klein geschnittenen Schwarzwurzeln in Butter anschwitzen. Brühe und Sahne ablöschen. Würzen, weich kochen und einkochen lassen. Zum Schluss die gekochten Schwarzwurzeln pürieren.

Pfifferlinge: Schalotten fein würfeln. Die Pfifferlinge putzen und eventuell halbieren oder vierteln, waschen und trocken legen. Schalotten in Olivenöl anschwitzen. Pfifferlinge hinzugeben und würzen. Am Schluss fein geschnittenen Schnittlauch hinzugeben.

Portweinzwiebeln: Den Zucker in einem Topf karamellisieren lassen. Zwiebeln hinzugeben und mit Rotwein und Portwein ablöschen. Alles zusammen einkochen lassen und dann mit Salz und Pfeffer abschmecken.

Gnocchis in Salzwasser abkochen und in Butter schwenken, bevor sie serviert werden.

WEINBEGLEITUNG

Chardonnay, Chablis – „Alte Rebe" aus Frankreich

Das Törtchen passt gut in die Rosenstadt
Essen wie Gott in Frankreich,
wir kommen wieder.

ROSENTÖRTCHEN AUS ELTVILLE

DESSERT

Törtchenboden: 5 Eier, 5 Eigelb, 250 g Zucker, 250 g Mehl

Marzipancreme: 125 g Marzipan, 125 g Butter, 250 g Himbeer- & Johannisbeermarmelade, Rosenwasser

Streusel: 200 g Weizenmehl, 200 g Zucker, 1 Päckchen Vanillinzucker, 100 g Butter

Vanillecreme: 5 Eigelb, 125 g Zucker, ½ Päckchen Vanillezucker, 40 g Maisstärke, 5 dl Milch, 1 Vanillestange

REZEPT FÜR 4-6 PERSONEN

Törtchenboden: Butter und Mehl schaumig schlagen. Eier und Zucker erst warm, dann kalt aufschlagen. Mehlmasse langsam unter die Eiermasse rühren. Beides zusammen auf Backpapier verteilen und auf Backblechen im Ofen goldgelb backen.

Marzipancreme: Marzipan und Butter klumpenfrei aufschlagen und die Marmelade mit ein wenig Rosenwasser unterrühren. Kreise aus den gebackenen Böden ausstechen (ca. 7 cm). Dann jede Schicht Böden mit der Marzipancreme bestreichen und eine weiter schichten. Die Kopfseite und den Rand in heiße Marmelade tauchen und abtropfen lassen. Zuckerguss darüber verteilen, abkühlen lassen und ausgarnieren.

Glasur: Zuckerguss (gibt es fertig zu kaufen) je nach Gefühl mit ein wenig Rosenwasser vermischen.
Streusel: Alle Zutaten trocken mit weicher Butter verkneten. Die Streusel etwa 30 Minuten ruhen lassen. Dann auf ein Blech geben und etwa 5 Minuten bei 180°C backen.

Vanillecreme: Eigelb, Zucker und Vanillezucker zu einer hellen, schaumigen Masse schlagen. Maisstärke mit 1 dl Milch anrühren, dann zur Eimasse geben. Restliche Milch mit Vanillemark aufkochen und unter Rühren zur Eimasse gießen. In das gereinigte Gefäß zurückschütten, unter ständigem Rühren 1-2 Minuten aufkochen lassen. In eine Schüssel gießen und mit Folie bedeckt auskühlen lassen.

Das Törtchen nach Belieben garnieren und mit Streuseln und Vanillecreme anrichten.

WEINBEGLEITUNG
Spätburgunder Weißherbst Kabinett halbtrocken

WER SICH NICHT WEHRT endet am Herd!

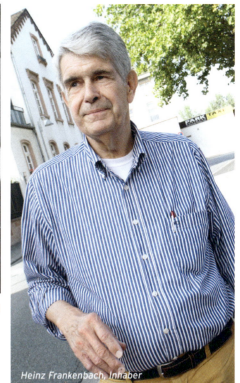

Das Zusammenspiel aus regionalen und französischen Produkten, gepaart mit der Liebe zum Detail, schufen eine Leichtigkeit auf den Teller, die mich an Urlaub in der Bretagne denken ließ.

Bon Appetit

Heinz Frankenbach, Inhaber

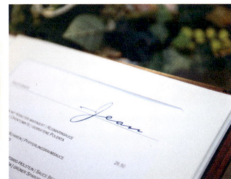

WEINSTUBE

Dieser schöne Wintersonntag hatte schon vielversprechend begonnen.

Ich konnte meine Familie überreden, mit mir in den Rheingau zu fahren. Ziel sollte der Naturpark Niederwald mit seinen Sehenswürdigkeiten sein und natürlich zum Abschluss das Jagdschloss mit seiner anspruchsvollen Küche. Wir fuhren nach Rüdesheim und von da aus mit der Seilbahn hoch zur Germania. Der Blick über die Landschaft und den Rhein, als silbernes Band, war grandios. Oben angekommen, marschierten wir los, das Laub mit unseren Stiefeln wegfegend. Die Luft war klar und kalt. Es war sehr abwechslungsreich für uns, die Natur immer wieder von verschiedenen Aussichtspunkten neu zu entdecken, vor allem die Bäume zu sehen, die mit ihren Ästen die Wege beschirmten.

HOTEL
JAGDSCHLOSS NIEDERWALD

So waren wir gut gelaunt, als wir im Jagdschloss ankamen. Und wie das bei mir immer so ist, ein kleines Duftbukett aus dem Küchenfenster und schon kommt der große Hunger!

AUS SELBST, IM GRÜNEN SALON, FAND
UNTER MITWIRKUNG VON KONRAD
...AUER DIE NIEDERWALDKONFERENZ STATT,
...RUNDLAGE FÜR UNSER GRUNDGESETZ.

139

WARUM ABER DIE MAINZER BISCHÖFE AUF IHREN PORTRAITS SO GRIMMIG GUCKEN? BESTIMMT NICHT, WEIL ES IHNEN IM SCHLOSS NICHT GEFALLEN HAT. VIELLEICHT HÄTTEN SIE JA LIEBER STATT DER GERMANIA DIE LORELEY BEI SICH GEHABT.

Nun stand ich auf dem Teppich der Eingangshalle und mir kamen Zweifel. Der Blick nach unten bestätigte die Vermutung von ziemlich verschmutzten Wanderschuhen. Herbstlaubreste und Erde klebten an der Sohle. „Kommen Sie." Frau Müllers unkomplizierte Art in diesem ehrwürdigen Gebäude. und schnell waren meine Gedanken wieder bei Themen von Bedeutung.

Alles, aber auch alles hier, hat den urigen und äußerst gemütlichen Charme eines Jagdschlosses: die Trophäen, die Jagdutensilien, die mit Blattgold gerahmten Gemälde und der Blick von den großen Restaurantfenstern aus auf den Taunus.

Die stilvolle Einrichtung mit den englischen Clubsesseln, warme Farben an Tischen und Wänden. Alles passte zusammen: Winter, Familie, Tradition und brennende Kerzen. Ich fühlte mich wieder wie ein kleines Mädchen, das sonntags mit Vater, Mutter und Brüdern nach einem Spaziergang zum Essen ausgeführt wird.

Satt und zufrieden machten wir uns auf den Rückweg und nehmen uns fest vor,
diesen Ausflug, auch zu einer anderen Jahreszeit wiederholen zu wollen.

*PS: Wir haben uns dann doch noch zum Abschluss in den Trubel
des Rüdesheimer Weihnachtsmarktes gestürzt.*

CONSOMMÉ VOM HEIMISCHEN WILD

VORSPEISE

400 g Wildknochen vom Rehrücken, 1-2 gebräunte Zwiebeln, 100 g Karotten, 100 g Sellerie, 100 g Lauch, Lorbeer, 3 Eiweiß, Eiswürfel, Wacholder, schwarzer Pfeffer

REZEPT FÜR 4 PERSONEN

Knochen und gebräunte Zwiebel in kaltem Wasser langsam aufkochen lassen.
Den entstandenen Schaum abschöpfen, da sonst die Brühe trüb werden kann.
Gewürze und Gemüse hinzugeben, alles 2 - 3 Stunden leicht köcheln lassen.
Die Brühe durch ein Passiertuch abpassieren und kalt stellen.

Das Wildfleisch, das restliche Gemüse, das Eiweiß, die Kräuter und die Eiswürfel vermengen
und in die kalte Brühe geben. Das ist die sogenannte Klärmasse, die dafür sorgen soll,
dass die Brühe nicht trüb wird. Das Ganze dann langsam aufkochen lassen, ständig umrühren,
sodass die Klärmasse nicht ansetzt. Wenn die Brühe aufgekocht hat,
nicht mehr rühren und langsam ziehen lassen.

Den am Boden abgesetzten Klärkuchen beim vorsichtigen Abpassieren nicht zerstören.
Die gewonnene Brühe nach Geschmack mit Salz und Pfeffer sowie Cognac abschmecken.

WEINBEGLEITUNG

Johannisberg „Alte Reben" Riesling trocken, Weingut Trenz

„JETZT GEHT'S LOS!
EIN VOLLER GASTRAUM BRINGT
MICH ERST RICHTIG IN SCHWUNG."

„FÜR DIE QUALITÄT UND FRISCHE UNSERER PRODUKTE LEGE ICH DIE HAND INS FEUER.

Richard Müller, Geschäftsführer und Koch

REHRÜCKEN AN ROTWEIN-SCHALOTTEN-SAUCE
MIT WINTERGEMÜSE UND HASELNUSS-SPÄTZLE

HAUPTSPEISE

Haselnuss-Spätzle: 4-5 Eier, 40 g Mehl, 40 ml Milch

Rotwein-Schalotten-Sauce: 2 Schalotten, 200 ml Rotwein, Wildjus

Rehrücken mit Saisongemüse: 500 g Rehrücken, 100 g Karotten, 100 g Blumenkohl,
100 g Brokkoli, 1-2 Schalotten, Butter, Salz, Pfeffer

REZEPT FÜR 4 PERSONEN

Haselnuss-Spätzle: Alle Zutaten zu einem festen Teig schlagen, feine Streifen
schneiden, in Wasser garen und anschließend in Butter anbraten.

Rotwein-Schalotten-Sauce: Den Rotwein mit den Schalotten einkochen und mit Jus (Grundsauce) auffüllen.

Rehrücken mit Saisongemüse: Das Fleisch salzen, pfeffern und kurz anbraten. Anschließend für 10 Minuten
bei 120°C in den Backofen geben. Zum Servieren schräg aufschneiden, dann das Gemüse im Wasser
blanchieren, anschließend mit Butter und Zwiebel anbraten, danach mit Salz und Pfeffer würzen.
Zum Anrichten die Sauce zuerst auf den Teller, Gemüse einsetzen und Spätzle anlegen.
Mit Kräutern verzieren. Das Gericht kann zusätzlich mit gebratenen Pfifferlingen garniert werden.

WEINBEGLEITUNG

*Assmannshäuser Höllenberg Spätburgunder trocken,
Staatsdomäne Assmannshausen*

KIRSCHWASSERPARFAIT

DESSERT

ca. 3 - 6 cl Kirschwasser nach Geschmack, 2 Eigelb, 100 g Zucker,
200 g Sahne, 20 g eingelegte Sauerkirschen

REZEPT FÜR 4 PERSONEN

Eigelb mit Zucker im angewärmten Wasserbad steif schlagen, danach kalt rühren.
200 g geschlagene Sahne dazugeben. Alles, bis auf die Kirschen, zu einer homogenen Masse verarbeiten.
Anschließend das Kirschwasser langsam und vorsichtig unterheben. Kirschen beim Abfüllen in
das Parfait drücken. Danach für 2 - 3 Stunden in den Tiefkühler stellen.

Anrichten: Amarenakirschen auf den Teller legen, das Parfait auflegen und nach Belieben garnieren.

WEINBEGLEITUNG

Genießen Sie hierzu einen erfrischenden Sekt

„Diesen Blick vom Niederwaldtempelchen haben schon Brentano und Goethe genossen."

DSCHLOSS NIEDERWALD
85 RÜDESHEIM AM RHEIN
: 06722 71060
DSCHLOSS@NIEDERWALD.DE
W.NIEDERWALD.DE

REZEPTE

MENÜS

"GEMEINSAM AUF ENTDECKUNGSREISE ZU GEHEN UND DAS GEFUNDENE WEITERGEBEN ZU KÖNNEN IST EIN GESCHENK."
Monika Mostert-Rath, Dozentin

NACHWORT

Die Idee für dieses Buch entstand nach einer langen Wanderung mit der anschließenden Einkehr in einem Weingut. Der erste Eindruck, das Ankommen erweckten den Wunsch in Birgit das mit der Kamera festzuhalten. Nach dem Genuss von Vor- und Hauptspeise, einem guten Wein und dem Besuch in der Küche wurde diese Idee zum konkreten Projekt.

Nun ist es nicht damit getan, ein bisschen zu wandern, lecker zu essen, ein paar Fotos zu machen und hier und da zwei, drei Sätze zu schreiben. Nein. Sehr viele Fahrten in den Rheingau waren erforderlich auf der Suche nach den passenden Gastgebern. Die Jahreszeit sollte eine Rolle spielen und die Vielseitigkeit und Ausgewogenheit der Wanderziele. Der Anspruch war jedes Weingut und Restaurant so zu präsentieren, dass seine Besonderheit und seine Philosophie widergespiegelt werden.

Es dauerte eine Weile bis Birgit die zwölf Gastgeber gefunden hatte, die ihr für dieses Buch geeignet erschienen. Hier spielten meist der erste Eindruck, das erste Gespräch und der erste Händedruck die große Rolle. Bei jedem der folgenden Besuche wurden wir herzlich und professionell empfangen. Aus einer Vielzahl von Bildern wurden die passenden, schönsten herausgefiltert und bearbeitet. Waren die Rezepte zu ähnlich oder für die Jahreszeit nicht so passend, wurde neu gekocht und angerichtet.

Hier auch noch mal ein herzliches Dankeschön an die Kreativen der Kochkunst für das Überlassen ihrer Ideen.

„RHEINGAUMEN KITZEL" (2014), ISBN 978-3-00-047533-7

Birgit Kallerhoff, 65510 Idstein
info@fotokallerhoff.de, www.fotokallerhoff.de

* * *

Fotos: *Buchumschlag & Inhalt: Birgit Kallerhoff*
Portraitaufnahme Birgit Kallerhoff: Anna Kallerhoff
Text: *Monika Mostert-Rath*
Gestaltung: *Nicole Metzinger*
Produktion: *hartmann-partner-design.de*
Druck: *Paulus & Thewalt*

* * *

Eingesetztes Papier
Cover: Efalin, Inhalt: Tauro,
beide FSC-zertifiziert

Meist durften wir diese Tellerkunststückchen probieren und hatten neben dem Genuss
die Gewissheit, dass das vorgestellte Gericht passt und hervorragend schmeckt.
Für Birgit war es wichtig die arrangierten Teller so zu fotografieren, wie sie aus der Küche kamen.
Kein Foodstylist, keine zusätzlichen Hilfsmittel waren im Spiel. Das heißt für den nachkochenden Leser,
dass sein Resultat dem Vorbild durchaus entsprechen kann.

Die Gespräche, die wir mit den Gastgebern und Köchen führten, werden uns immer in angenehmer
Erinnerung bleiben. In den meisten von uns besuchten Häusern wird die Tradition von einer neuen,
jungen kreativen Generation weitergeführt. So erlebte ich nicht die laute „Nachkriegs-Wirtschaftswunder-
Weinglückseligkeit", die ich aus meiner Kindheit im Rheingau kennengelernt hatte, sondern eine der Neuzeit
angenehm angepasste Gastfreundschaft. Modern, fröhlich und liebenswert.

Neben Birgits ersten Eindrücken flossen auch Rezensionen und Zitate in meine Texte.
Spannend war schließlich das Zusammenspiel von Bildern und Sprache.

In diesem Buch stecken ganz viel Arbeit, Spaß, Herzblut und Leidenschaft. Für uns ist es perfekt.
Falls wir aber etwas übersehen haben sollten oder der Leser kleine Fehler findet, was wir natürlich nicht hoffen,
dann bitten wir um Nachsicht.

Viel Spaß beim Schmökern, Nachwandern und Nachkochen.

Monika Mostert-Rath

Die Erde dampft im frühen Licht. Oktober. Schwere Reben. Kurz vor der Lese.
Bald ist die Zeit der Feste. Das Leben ist schön.